내 성장의 고민들

我那些成長的煩惱 梁曉聲/著

중국 작가
량샤오성梁曉聲의
성장 이야기

량샤오성梁曉聲
지음

진가리陳佳莉
신진호申振浩
옮김

민속원

차례

프롤로그 prologue

인생은 한 폭의 그림과 같다는 생각이 자주 든다.

어떤 사람의 인생은 수채화와 같다고 비유를 한다면, 어떤 사람의 인생은 꼭 유화 같다고 비유할 수 있을 것이다. 또 어떤 사람의 인생은 사의화寫意畫(대상물을 작가의 의도와 느낌을 강조하여 그린 그림)와 유사하다고 표현할 수 있다면, 어떤 사람의 인생은 공필화工筆畵(대상물을 세밀하게 그리되 묘사가 깔끔하고 채색이 정교한 그림)와 유사하다고 말할 수 있을 것이다. 아울러 어떤 사람의 인생은 현대 회화로 비유한다면, 어떤 사람의 인생은 고전화로 비유할 수 있을 것이다 .

그러나 어떤 종류의 그림이든 모두 기초부터 한 획 한 획으로 그려지는 것이다. 나는 한 사람의 유년 시절과 소년 시절은 바로 그림의 바탕색이라고 생각한다.

시대에 따라 사람들의 인생 그림 바탕색이 모두 다르고 심지어는 천차만별이라고 할 수 있다.

나에게 있어 성장 과정은 끊임없이 자신의 잘못을 스스로 바로잡는 과정이자 책임을 점차 깨닫는 과정이다. 그러나 대부분의 경우 우리가 스스로 잘못을 바로잡는 것은 즐거운 일이 아니다. 적어도 칭찬을 받는 일에 비하면 그렇다.

그러므로 모든 사람은 반드시 '성장의 고민'에 직면하게 된다. 지금부터 내 '성장의 고민'을 여러분에게 털어놓겠다.

아버지에 대하여

01

내 본적은 산둥山東성 룽청榮成 원취안자이溫泉寨이다. 아버지의 말에 의하면 그 곳은 아주 작은 마을이고, 바다에 가깝지만 어촌은 아니라, 바다에서 한 12킬로 정도 떨어져 있다고 한다. 마을 사람들이 대부분 농사를 지으면서 생계를 이어갔다.

나는 과거나 현재나 그곳에 대해 전혀 기억이 없다. 왜냐하면 고향에 돌아가 본 적이 없기 때문이다.

아버지는 그곳에서 외아들로 태어났다. 아버지는 어려서부터 어머니를 잃었기 때문에 나는 할머니에 대해서도 아무런 기억이 없다. 할아버지도 외아들이어서 마을에 친척이 한 명도 없었다. 그리고 마을에 온천이 있는지에 대해서 아버지는 단 한 번도 말한 적이 없기 때문에 온천의 존재 여부는 알 길이 없었다.

할아버지도 어린 나이에 어머니를 잃으셨다. 할머니가 돌아가신 후에 할아버지는 줄곧 장가들지 않으셨고, 장가 갈 경제적 여유도 없으셨다. 할아버지 명의로 된 토지 하나도 없으므로 결국 그가 아버지를 데리고 동네방네 아르바이트를 하면서 생활하셨다. 때로는 머슴으로, 때로는 품팔이로 일 년 내내 고용주의 집에서 사셨다. 고용주의의 기분에 따라 어떤 때는 돈을 많이 받으면 삶이 그나마 괜찮았고 어떤 때는 울분을 참으면서 남에게 얹혀서 사는 기분으로 나날을 보내셨다.

그 당시에 아버지는 비록 어린 아이였지만, 그렇다고 고용주 집에서 공짜로 먹고 공짜로 살 수는 없었다. 그러니 사실 아버지도 아주 어렸을 때부터 '머슴'이 된 셈이다.

아버지는 여태까지 자식들인 우리에게 확실하게 이에 대해 말문을 연 적이 없으시다. 그러나 우리는 그 광경을 상상할 수 있다.

아버지는 성질이 나쁜 편이라 화를 쉽게 내셨다. 나는 어렸을 때 아버지의 나쁜 성질에 대해 이해하기 어려웠고, 심지어는 아버지를 미워한 적도 있다. 성인이 된 후에야 비로소 그것이 아버지 어린 시절의 슬픈 인생에서 비롯된 것이라고 이해할 수 있었다.

아버지는 14살이 되던 그 해에 할아버지 몰래 마을을 떠나 어른들을 따라 '관동關東 땅에 가서 새 삶 찾기'를 한다고 헤이룽장黑龍江 자무쓰佳木斯에 가셨다.[1]

생각해 보니 아버지가 일찍이 '머슴'이 되었던 것처럼, 그 당시의 '관동땅에 가서 새 삶 찾기'를 가던 산둥성 사람들 중에서도 아마 아버지 나이가 가장 어렸을 것이다. 설령 아버지보다 더 나이 어린 사람이 있더라도 보통 부모나 가족을 따라왔을 가능성이 컸다. 아버지는 피붙이 한 명도 없이 자무쓰에 온 것이었다.

한 소년에게 그러한 사고무친의 인생이 얼마나 고달프고 어려운지 쉽게 짐작할 수 있다. 그 시절에 대해서도 역시 아버지는 우리에게 말한 적이 없다.

아버지는 열아홉 살이 되던 그 해에 어머니와 결혼했다. 어머니와 같이 하얼빈에 와서 노점을 차려 조그마한 장사를 하면서 생계를 유지했다. 동북 지역 해방 후 얼마 안 됐을 때 아버지는 신중국 1세대 건축 노동자가 되었다.

1 관동은 중국 산해관山海關 동쪽을 가리키는데 주로 중국 동북 지역을 말한다.(역자 주)

나는 1949년 9월에 태어났다. 내 위에는 6살 많은 형이 한 명 있다. 어머니의 말에 의하면 나에게 형보다 두 살 어린 병으로 요절한 누나가 있었다. 형은 그 여동생에 대한 기억이 전혀 없다고 했고, 나는 누나의 사진조차도 본 적이 없다. 왜냐하면 그때는 지금과 달리 가난한 가정에서 돈을 들여 자녀들에게 사진을 찍어 주는 것은 아깝다고 생각하기도 하고 그런 관습도 없었다.

초등학교에 입학한 후에 아버지가 다니시던 동북건축공정회사가 동북중공업기지를 건설하는 업무를 맡았는데 그때부터 아버지는 거의 일년 내내 외지에서 일하셨다. 이로 인하여 나와 아버지가 해마다 만날 수 있는 횟수는 손으로 꼽을 수 있을 만큼 적었다. 게다가 아버지가 매번 오실 때마다 항상 서둘러 나가셔야 돼서 집에 계시는 시간이 매우 짧아 나는 점점 아버지에 대한 기억이 가물어졌다. 그 후에 아버지는 중국 남서쪽의 '대삼선大三綫'건설[2]에 투입됐고, 윈난雲南, 구이저우貴州, 쓰촨四川 등 지역을 전전하면서 지냈는데 2년마다 겨우 한번씩 집에 올 수 있었다. 건축 일이 바쁠 때는 3년이 되어야 겨우 집에 와서 가족과 만날 수 있었고, 매번 집에서 머무는 시간은 단 12일 정도밖에 안 됐다.

내가 중학교를 졸업하고 하향下鄉운동에 지원해 시골에 내려갈 때 아버지는 쓰촨성에 있었다.[3] 그때 나에게는 2년에 한 번씩의 가

2 1960년대부터 1970년대까지 중국 중서부 13개 성, 자치구에서 국방력을 강화하기 위해 전쟁 준비를 지침으로 하여 벌인 대규모 국방, 과학 기술, 산업 및 교통 기반 시설 건설을 말한다.(역자주)

3 하향운동은 중국에서 도시의 학생이나 지식인이 농촌에 가서 농민을 계몽하던 운동을 말한다.(역자 주)

족 방문 휴가가 있었으나 아버지 휴가 시간과 맞추기 힘들었다. 대학교를 졸업한 후에 나는 베이징으로 발령을 받았는데 그 다음해에 아버지가 정년 퇴직 나이를 초과한 상태로 퇴직하였다. 나와 아버지가 진정으로 '함께 지낸다'라고 할 수 있는 날은 아버지가 두 번 베이징에 와서 머물렀던 그 시기 뿐이었다. 한번은 10개월 정도였고, 또 한번은 6개월이 채 안 되었다. 그때 아버지는 이미 머리에 서리가 앉은 노인이었고, 성격이 매우 온화해지셔서 화도 잘 안 내셨다.

아버지가 두 번째로 베이징에 올라오셨을 때 매우 수척해 보여서 나는 곧 아버지를 모시고 건강 검진을 하러 갔는데 위암 말기라는 날벼락 같은 소식을 받았다. 그리고 반년 후에 아버지가 돌아가셨다. 아버지가 돌아가기 전에 한 반년 동안 거의 병상에 누워 계셨고, 나는 매일 출근해야 할 상황이었다. 다행히 직장하고 집이 멀지 않아 나는 중간 중간에 시간을 내서 집에 가서 아버지를 볼 수 있었다. 밤에는 아버지와 함께 잘 수 있었는데 그것만이 나에게 주어진 유일한 효도의 기회라 생각했다.

손꼽아 헤아려 보면 나와 아버지가 즐겁게 보낸 날은 아버지가 처음으로 베이징에 와서 나를 대신해서 우리 아들을 돌봐 주신 그 10개월이었다.

한편, 나는 '아버지'라는 제목으로 단편소설을 쓴 적이 있는데 그 문장은 1984년에 중국에서 '전국 단편소설상'을 받았다. 비록 장르가 소설이지만, 그 내용은 기본적으로 실제 상황을 바탕으로 기술한 것이었다. 나에게는 『아버지』라는 문장은 나만의 가정에 대한 것뿐만 아니라, 수많은 '대삼선大三綫'건설에 투입되던 아버지들과 그들의 자녀들을 위한 창자이었다. 우리들에게 공감할 만한 것이 있다면 그것은 바로 우리가 모두 자신의 아버지와 함께 지냈던 날들이 너무나 짧았다는 것이다.

어머니에 대하여

02

어머니는 원래 지린성吉林省 어느 현縣에 거주하는 농가 가정의 딸이었는데 후에 가족과 함께 헤이룽장 자무쓰 부근의 한 작은 마을로 이사하였다. 어머니에게는 원래 언니 한 명과 남동생 셋이 있었는데 '천연두' 때문에 언니와 막내 동생을 잃었다. 그 불행은 어머니 소녀 시절에 일어난 것이었다. 후에 어머니는 결혼해서 자녀 다섯 명이 있는 나이가 되셨을 때도 매번 우리에게 남매를 잃은 과정을 이야기할 때면 여전히 슬픔을 참지 못해 눈물을 줄줄 흘리셨다.

어머니는 혈육의 정을 몹시 중요시하는 사람이셨다.

아버지가 멀리 중국 서북쪽에 일하던 시절에 매월 생활비 50위안을 집에 부쳤다. 그 당시에 아무리 아껴 봐도 아버지가 기껏해야 집에 부칠 수 있는 돈은 50위안밖에 안 됐다. 혹은 잘하면 매월 5위안을 더 부칠 수 있었으나 그렇게 되면 아버지가 집으로 돌아올 때 '목돈'을 갖고 오지 못하게 된다. 자녀 다섯이 있는 아버지로서 귀가할 때 주머니가 텅 비어 있으면 가족들과의 만남이 그리 행복하거나 뿌듯하지 못할 것이다. 그러므로 아버지에게 한 달에 5위안을 더 부치는 일은 그다지 좋은 선택이 아니었다.

어머니는 아버지의 마음을 충분히 헤아리고 어려운 형편을 극복하여 매월 아버지가 부쳐준 50위안으로 여섯 식구를 먹여 살렸다.

여섯 식구에 50위안의 생활비면 평균 한 사람당 매월 8위안의 생활비 밖에 못 쓰고, 그렇게 하면 2위안을 남길 수 있게 되는 것이다.

그 당시에 도시에 사는 사람들의 최저 생활비는 8위안이었다. 그 수준 이하면 구제 보조금 몇 위안을 수령할 수 있었다. 그러나 우리 집 여섯 식구는 한 사람당 평균 생활비가 늘 8위안 이상이기 때문에 빈곤층에 들어가지 못했다. 빈곤층이 아니지만 우리 집은 줄곧 최소 와트의 전구를 사용했다. 그 시절에 하얼빈에서 최소 와트의 전구는 15와트였고, 그 전구로 비출 수 있는 범위는 촛불보다 약간 넓은 범위뿐이었다. 15와트보다 더 작은 와트 수의 전구는 공장에서 생산되지 않았다. 왜냐하면 실제 가정용 가치가 없었기 때문이다. 전구는 그렇다 치고 우리 집에 빗살이 몇 개 부러진 빗이 하나 있는데 어머니는 그것을 버리기 아까워 새 것을 살 염두를 내지 않으셨다.

중학교에 다니는 형을 제외하고는 나하고 남동생 두 명, 그리고 여동생 한 명은 늘 까까머리이기 때문에 빗을 사용하는 사람은 결국 어머니 한 명뿐이었고 빗살 부러진 빗은 줄곧 어머니에 의해 쓰이게 된 것이다.

어릴 때부터 어머니가 돈 때문에 근심 걱정에 잠겨서 한숨 쉬시는 모습을 자주 보았다. 특히 먹고 살기 위한 식자재, 장작을 사야 하거나 형이나 내가 등록금을 내야 할 때쯤 되면 어머니가 돈 몇 푼을 빌려 오기 위해서 온종일 동네방네 동분서주하며 이웃들에게 찾아가는 모습은 우리에게 너무나 익숙했다.

그럼에도 불구하고 아버지는 집에 올 때마다 어머니와 한 번씩 말다툼을 하곤 했는데 그 이유는 늘 같았다. 아버지가 귀가하는 날 며칠 후에 빚을 갚아야 하는 날이기 때문에 아버지가 집에 올 때마다 어머니가 자꾸 아버지에게 빚을 갚으라고 재촉했다.

아버지는 늘 어머니에게 살림살이를 제대로 못한다고 나무랐다.

그럴 때마다 어머니는 늘 눈물을 글썽이며 고개를 숙이고 아무 말을 하지 않으셨다. 지너로서 우리는 늘 어머니의 모습이 너무 안쓰럽고 아버지의 책망은 이치에 맞지 않는다고 생각했다. 어머니의 알뜰살뜰한 살림살이가 어느 정도인지 우리가 모두 너무나 잘 알고 있기 때문이었다. '함신여고含辛茹苦(온갖 고생을 참고 견디다)' 라는 사자성어는 어머니에게 전혀 과하지 않은 말이었다.

아버지의 몇몇 동료들이 집에 온 적이 있다. 그 해에 아버지는 유난히 집을 그리워하셨지만 직접 집에 오시지 못했기 때문에 고향에 내려온 동료들에게 집에 방문할 김에 우리집에도 들르라고 부탁하신 것이다.

집에 찾아온 아버지의 한 동료가 우리에게 이런 '소식'을 전해줬다. "양 사부님은 자신에게 너무 과하게 인색하시다. 식당 반찬 몇 푼 한다고 그것을 차마 사 드시지 않더라. 늘 취두부를 반찬으로 식사하시는데 취두부도 한 조각으로 3일 동안 드신다."

그 말을 들은 어머니는 순간 눈가에 눈물이 그렁그렁 고였다.

자녀인 우리들도 이 말을 듣고 마음이 얼마나 괴로웠던지. 그 후부터 우리는 다시는 아버지를 원망하지 않았다.

나는 옛 일을 기억할 수 있는 나이 때부터 어머니가 행복해 보이는 모습을 본 적이 없다. 물론 어머니가 활짝 웃는 웃음소리도 단 한번도 들은 적이 없다.

『아버지』가 발표된 후, 그 당시 하얼빈 작가 협회 주석직을 맡은 린위林予 작가가 베이징으로 회의를 참석하러 온 김에 나를 보러 우리 집에 찾아온 적 있다. 그는 1950년대에 이미 꽤 유명한 군부대

작가였고, 최초로 '베이다황北大荒문학'[1]을 다룬 작가에 속한 사람이었다. 나는 지식청년일 때에 그와 두터운 우정을 맺었고, 그는 우리 가족이 모두 잘 아는 나의 '친구'가 되었다.[2] 그는 그동안 우리 집에 정말 많은 도움을 주었고, 그야말로 우리 집에 은혜를 베풀어 준 사람이었다.

그때 린위가 와서 의미심장하게 나에게 이런 말을 했다. "샤오성아, 너는 아버지에 대해서만 문장을 쓰면 안 되지. 어머니에 대해서도 뭐 좀 써야 되지 않겠는가? 나조차도 어머니께서 가정을 위하여 정말 속이 썩을 대로 썩었다는 사실을 알고 있는데… 어머니께서 그동안 여간 힘드셨던 것이 아니야. 어머니에 대해서도 좀 써라, 응? 나는 더 못 보겠어."

린위의 말에 나는 순간 만감이 교차했다. 그 후에 나는『어머니』라는 글을 썼는데 그 문장은『중편소설선간中篇小説選刊』연도 우수작품상'으로 선정되었다. 그 당시에 그 상은 학계에서 상당한 영향력이 있는 상이었다. 다만 글자수의 제한으로 어머니에 대한 수많은 이야기들을 일일이 그 작품에 기술하지 못했다. 드라마『연륜年輪』에 등장한 한 지식청년의 어머니가 고생하는 모습이 우리 어머니와 꼭 닮았다.

•

1 베이다황은 중국 헤이룽장성 북부, 헤이룽장 연안의 드넓은 황무지를 가리키는 말로 1950, 60년대말에 도시의 지식청년들이 이곳에서 대규모 개발사업에 참여했다. 그 과정에서 그곳에서의 생활상을 그려낸 문학작품을 말한다.(역자주)

2 지식청년知識青年은 중국 문화혁명기 시절에 마오쩌둥의 하향운동에 참여해 농촌에서 생활했던 젊은이들을 이르는 말이다. 지식청년을 줄여서 지청知青이라고 한다.(역자주)

그리고 현재 초등학교 5학년 교과서에는 나의 단편 작품 『자모정심慈母情深』이 수록되어 있는데, 이 문장의 제목은 편집자가 편집할 때 붙인 것 같다. 실은 나는 그 단편 작품이 『어머니』의 일부를 발췌한 것인지를 잘 기억하지 못했다. 왜냐하면 『어머니』가 간행된 후부터 나는 그 내용을 읽은 적이 없기 때문이다. 과거 일에 대한 회상에 빠질까 봐 나는 차마 그 내용을 다시 읽을 용기가 없었다. 과거의 회상 속에는 우리에 대한 어머니의 사랑이 가득한 일들뿐만이 아니라, 가슴앓이에 관한 이야기도 너무 많이 들어 있기 때문이다.

어머니가 돌아가신 후에 나는 더더욱 그 내용을 읽을 수 없게 되었다.

최초의 집

03

우리 가족이 맨 처음에 거주했던 집은 하얼빈 다오리구道裏區 안핑거리安平街 13번지에 위치한 집합주택에 있었다.

안핑거리는 '안자편安字片'에 속한다. '안자편'이란 '안安'자로 시작되는 거리로 구성된 동네 이름이다. 이 동네에 있는 거리의 명칭은 예를 들자면 '안신거리安心街, 안닝거리安寧街, 안순거리安順街' 등이 있다. 안자편은 하얼빈 시내에 속하지 않고 근교 지역에도 속하지 않으며, 정확히는 도심지와 근교 사이에 위치한 곳이다. 이 지역 거리는 모두 모래흙길이었고, 지역에 있는 집합주택의 형태도 사람들이 흔히 말하는 협동조합주택, 즉 어느 정부부처에 소속한 사람들이 거주하는 그런 주택 형식과는 다른 것이다. 안자편에 속하는 집합주택은 예전에 러시아 교민들이 사는 단독주택 형태였다. 거기에 살던 러시아 교민들이 본국에 있었을 때 대부분이 중농中農이나 부농富農이었는데, 하얼빈에 와서 정착한 이후에 여전히 집합주택의 마당에서 말이나 소, 혹은 양을 기르는 습관을 갖고 있었다. 그들은 말을 기른 후에 세를 놓거나 우유, 양젖을 팔아서 생계를 유지했다. 그렇기 때문에 그들이 사는 집의 마당은 대부분 비교적 큰 편이었다. 거기에 살던 교민들이 러시아로 귀국한 이후로 그 주택에 중국 주민이 들어가서 살게 됐다. 그러한 주택에 들어가서 사는 사람들은 주로 일반 노동층에 속한 사람들이었다.

우리가 들어간 안핑거리 13번지는 부지가 작지 않은 집합주택으로 세대수가 총 7~8정도였다. 우리 집은 주택 가장 안쪽에 있었으며, 두 세대가 연립되어 문이 각각 설치된 형태였다. 두 세대의 주택 면적은 거의 똑같았다. 15제곱미터 내외인 큰 방은 안채로 사용되었고, 작은 방은 바깥 칸으로 12제곱미터 정도였다. 우리가 사는 집합주택의 각 세대는 약 3미터 정도의 '문두門斗'가 있었다. 중국 북방 지역의 겨울은 너무 춥기 때문에 '문두'는 주로 바람을 막는 역할을 한다.[1]

나는 바로 이 집에서 태어났다. 어머니의 말에 의하면 개인 조산사助産師가 집에 와서 도와준 식으로 나를 낳았다. 그 당시 하얼빈에는 개인 진료소가 많았는데 모두 조산할 수 있었다. 경제적으로 넉넉치 않은 일반 가정에서는 산모의 상태가 정상이면 거의 자기 집에서 아이를 낳았다고 했다. 왜냐하면 이러한 방식으로 낳으면 돈을 꽤 많이 아낄 수 있기 때문이다.

그 집에서 내가 기억할 수 있는 내 어린 시절의 일은 손으로 꼽을 수 있으며 다음 몇 가지의 일에 지나지 않는다.

어느 해 설날 전에 아버지가 다니는 회사, 즉 동북건축공정회사에서 직원과 그들의 가족을 위한 위문 행사를 마련했는데 어머니가 그 행사에 다녀왔다. 거기서 우유사탕을 가져왔는데 무게가 한 1kg 정도 됐다. 어머니는 나하고 남동생 두 명, 여동생 한 명에게 각각 사탕 하나씩을 주고 나서 곧바로 남은 사탕을 숨기셨다. 그때 나는 난생 처음으로 우유사탕을 먹어 봤는데 그 맛은 매우 유혹적이었다. 그래서 나는 어머니가 사탕을 숨기신 곳을 발견하고는 틈만 나면 훔쳐 먹었다. 결국 설날이 되자 우유사탕이 반으로 줄었다. 동생

•

1 문두는 주로 중국 동북 지역에 주택 대문 바로 앞에 설치된 작은 공간을 말한다. 문두는 바람막이, 추위나 더위 방지, 공간 분리 등 역할을 한다.(역자 주)

들은 내가 훔쳐 먹는 것을 알고 모두 나를 '게걸쟁이' 라고 비웃었다. 그러나 어머니는 그리 정색해서 나무라지 않으셨고, 다만 한숨만 내쉬며 불만스러운 말투로 말씀하셨다. "너는 우리 집 둘째잖아. 너도 오빠, 형 노릇을 하는 사람인 거 잊으면 안 되지. 집안에 맛있는 게 있으면 먼저 동생 생각을 해야 하는 것이 아니겠어?"

어머니의 말에 나는 부끄럽기 짝이 없었다. 어머니가 우리에게 남은 우유사탕을 나눠 줄 때 나는 몇 개만 주면 된다고 말했다.

그날부터 나는 동생들의 오빠, 형이라는 의식을 갖게 되었고, 먹을거리나 입을 옷이 생기면 동생들에게 먼저 양보해야 된다는 것을 마음에 새겼다.

그 해는 내가 초등학교 1학년에 막 입학한 때였다.

2학년이 되던 그해에 어느 날 아침, 어머니와 우리 식구들이 아침밥을 먹고 있었을 때 갑자기 '쿵-쾅' 몹시 큰 소리가 들렸다. 우리 집 대들보 하나가 부러졌고, 예리한 단면이 탁자 위로 내려 꽂혔다. 그날 바람이 무척 세게 불어 옆집 높이 솟은 벽돌로 만든 굴뚝이 넘어졌고, 그 굴뚝이 우리 집 지붕을 짓누른 것이었다. 만약 그 부러진 대들보가 우리 집 누구를 찔렀다면 그 사람은 틀림없이 그 자리에서 죽었을 것이다. 지금 생각해 보면 얼마나 끔찍하고도 다행스러운 일이었는지!

어머니와 우리는 혼비백산 놀라면서도 마음속에 일종의 은근한 희열을 느꼈다.

이유는 무엇일까?

그때 우리 식구가 그 집에서 거주한 지 이미 10여 년이 되었다.

그 집은 원래 러시아 사람들이 그들의 말과 소를 기르고 정원을 돌보는 등 잡무를 해 주는 하인들에게 제공하는 숙소였기 때문에 건축 품질이 매우 형편없었다. 10여 년이 지난 후에 건물은 이미 심각하게 침하하였다. 이런 집을 자주 수리하면 상태가 좀 괜찮아지지 않을까 하지만 우리집 가장인 아버지는 일년 내내 대서북에서 일하고 집안에 남은 가장인 어머니는 여자고, 형은 중학교에 입학한 지 얼마 안 된 학생이니 집을 수리할 수 있는 사람은 한 명도 없었다. 그러므로 우리 집은 이미 문이 문 같지 않고 창문이 창문 같지 않으며 여름에는 비가 새고 겨울에는 바람이 새는 상태가 되었다. 벽 표면도 코팅이 다 벗겨져 조각조각 떨어졌다. 지면地面 침하 때문에 결국 창문이 절반 정도만 바닥 위에 남아 있고 낮에는 잠깐 햇빛이 들어올 수 있었다. 낮 시간이 지나면 불을 반드시 켜야 했고, 그렇지 않으면 방안이 매우 캄캄해졌다.

대들보가 부러진 상황인데 어머니가 뜻밖에도 형에게 이렇게 말했다. "어쩌면 안 좋은 일이 좋은 일로 될 수도 있지."

형은 그 말을 이해하지 못했고, 우리는 더더욱 그 말의 진정한 의미를 알지 못했다.

어머니가 이어서 말했다. "우리 집은 이제 위험한 집이 되었어. 나는 지금 당장 너네 아버지가 일하는 회사의 주하얼빈 사무소에 가서 집을 바꿔 달라고 요청할 거다. 큰 애야, 너는 오전에 절대 집을 나가지 말거라. 만약 집이 흔들리기 시작하면 즉시 동생들을 데리고 밖으로 대피해, 알았지?"

나는 그날이 일요일이라는 것을 잘 기억하고 있다. 그날 형은 원래 학교에 가서 어떤 행사에 참여하려고 했는데 어머니의 말을 듣고 "응"이라고 대답하고 나가지 않았다.

어머니는 머리를 빗고 먼지를 털며 서둘러 밖으로 나갔다. 그날 우리 식구는 모두 아침밥을 제대로 먹지 못했다.

형은 우리에게 옷을 제대로 입고 신발도 잘 신은 채로 문 앞에서 모여 앉아, 언제든 밖으로 도망갈 수 있는 준비를 잘 해 두라고 당부했다.

정오 무렵, 어머니가 돌아왔는데 아버지가 일하시는 회사의 주하얼빈 사무소가 이미 문을 닫고 서북 지역으로 이사갔다고 말했다. 어머니는 곧바로 구청을 찾아가서 도움을 청해야 했는데 집안 상황이 걱정되어 일단 집으로 돌아온 것이었다. 어머니는 이야기를 해주고 물을 몇 모금만 마시고 나서 또다시 황급히 밖으로 나가셨다.

우리와 형은 밥을 굶은 채 어머니가 좋은 소식을 가져오기를 기대했다.

집은 너무도 허름해서 집을 좋아할래야 좋아할 수 없었다. 그래서 우리도 어머니와 마찬가지로, 나쁜 일이 정말 좋은 일로 되기를 간절히 바라고 있었다. 그 때 우리는 웬만한 조건을 갖춘 집에 들어가서 살 수 있다면 더 바랄 것이 없었다.

오후 서너 시가 되어서야 어머니가 돌아왔다. 작은 트럭 한 대와 수리공 몇 명도 함께 왔다. 그들은 한 시간 넘게 힘을 써서 부러진 대들보를 목재로 들어올려 루핑으로 지붕을 보수했다. 다 끝난 후에 한 수리공이 어머니에게 사과하면서 말했다. "이제 안심하고 거주해도 될 것 같습니다. 몇 년 안으로 안전상의 문제가 다시 발생하지 않을 겁니다."

이 말을 듣자 어머니가 바로 물었다. "그럼, 몇 년 후에는요?"

"윗사람이 우리를 집 수리하라고 보냈기에, 우리는 그저 수리만 합니다. 몇 년 후의 주택 문제에 대해서는 우리가 뭐라고 할 수 없지요."

수리공이 떠난 후에 형이 어머니에게 물었다. "엄마, 이대로 괜찮을까요?"

"너도 그 사람 말을 들었잖니?" 어머니가 정색하며 대답했다.

어머니는 우리에게 눈물을 보이지 않기 위해 몸을 돌렸다.

형은 묵묵히 빗자루를 들고 먼지를 쓸었다.

그 후에 내가 초등학교 4학년 때 어머니는 철도공사에서 일용직으로 일하게 되셨다. 그 해는 1961년이었고, 우리 세대가 기억하는 '배고픈 시절' 중의 한 해였다. 1958년 '대약진大躍進운동'에 농촌 지역에서 많은 젊은이들이 도시로 고용되어 모여들었고, 근로자 인력이 확충되었다.[2] 그러나 1961년부터는 새로운 규정으로 인해 그들은 다시 농촌으로 돌아가서 농업 생산을 해야 했다. 그렇게 되자 적지 않은 공업단지에서 일감이 부족해져 집안일을 하는 가정주부들이 일용직 근로자로 고용되었다. 우리 어머니에게 이것은 희소식이었다. 어머니는 기쁜 마음으로 주물공으로 고용되었다. 주물공이

•

2 대약진운동은 공산혁명 후에 중화인민공화국에서 부강한 사회주의 국가를 만드는 것을 목적으로 1958년부터 1960년까지 마오쩌둥毛澤東의 주도로 시작된 농공업 대증산 정책을 말한다.(역자 주)

하는 일은 모래 모형에서 냉각된 강철 주물을 빼내는 일이었다. 이 작업은 원래 남자들이 하는 힘든 일 중의 한 가지였다. 힘이 엄청 들뿐만 아니라 화상을 입기 쉬웠다. 그러나 매달 17위안을 벌기 위해 어머니는 이 기회를 매우 소중히 여기며 일하러 가겠다는 강한 의지를 보이셨다. 그 이전에는 중대한 일이 있을 때마다 어머니가 항상 우리의 의견을 듣곤 했지만 이번에는 우리의 의견을 묻지 않았다.

그 해에 형은 고등학교 1학년 학생이 되었다. 형은 공부를 잘해서 그때 오로지 대학 진학에 몰두했기 때문에 학교를 집으로 삼았다. 그래서 그때 우리 집 상황은 매일 내가 깨어날 때 집에 어머니와 형이 보이지 않았고, 냄비에는 반만 끓인 옥수수죽이나 수수쌀죽이 있었다. 내가 일어나서 먼저 해야 할 일은 바로 화롯불을 쑤셔 불을 세게 하며 죽을 계속 끓이는 것이었다. 그 두 종류의 죽은 약한 불로 끓여야만 익을 수 있었다. 어머니는 집을 나서기 전에 죽이 다 끓지 않도록 화롯불을 줄이셔야 했다. 그렇지 않으면 죽이 죄다 다 타 버리고 화롯불이 사그라질 수 있기 때문이다.

중국 동북 지역 일반 가정에서는 벽돌로 쌓은 간단한 화로를 사용했는데, 석탄을 넣을 때에는 냄비를 들어야 했다. 우리 집의 죽 냄비는 매우 큰 편이었고, 내가 그것을 들어올릴 때 팔의 힘만으로는 안 되고 허리의 힘을 활용해야 했다. 정확히 말하면 냄비를 복부에 받쳐 놓아야 하는 것이었다. 그렇기 때문에 냄비를 내려놓을 때 옷의 앞섶은 냄비 밑부분의 검은 먼지에 얼룩지게 되기 마련이었다. 그럴 때 침대에서 아직 깊이 자고 있는 남동생 둘과 여동생을 돌아보면 종종 마음이 들끓어 결국 수업에 가기 싫어져 결석하곤 했다.

시간이 지나며 나는 반에서 유명한 '땡땡이 학생'이 되었다. '땡땡이 학생'은 학우들의 비웃음을 받게 될 뿐만 아니라 그 부모도 선생님의 불만과 지적을 받게 됐다. 나를 다시 학교로 돌아가게 하기 위해서 어머니는 휴가를 내어 나를 학교까지 배웅해 준 적 있다. 몇 번이나 나는 어머니의 손을 떨치고 학교 입구에서 도망을 쳤다.

그 후, 어머니는 내가 무단 결석하는 문제를 해결하는 방안을 생각해 냈다. 매월 옆집 이웃인 천陳 씨 아주머니에게 5위안을 주고 나와 동생을 돌봐 달라고 했다.

이렇게 되면 어머니는 매월 사실상 12위안만 벌게 되었다. 그러나 그 5위안은 천 씨 아주머니의 생활을 어느 정도 개선해 줄 수 있었다.

"이게 얼마나 좋아! 얼마나 좋은 일인데, 나는 왜 그 전에 생각하지 못했을까?" 어머니는 자신의 아이디어로 걱정을 덜게 된 것에 대해 무척 기뻐했다.

천陳 씨 아주머니에 대하여

04

천 씨 아주머니 가족도 산둥성에서 하얼빈으로 이사온 것이었다.

예전에 그들 가족이 어떤 방식으로 생활했는지 나는 전혀 기억이 없었지만, 내가 사물을 구별하고 기억할 수 있게 되던 그 해에 천 씨 아주머니 남편이 돌아가셨다는 것은 기억난다. 그때 천 씨 아주머니는 이미 나이 든 '할머니'가 되었다. 아마도 그때 아주머니가 실제 나이는 그렇게 많지 않을 수도 있었지만, 겉모습으로 매우 나이가 든 것처럼 보였다. 주름진 얼굴, 가냘프고 앙상한 몸, 거기에다 약간 굽은 등. 나는 『인세간人世間』을 창작할 때 정쥐안鄭娟의 어머니를 묘사하는 내내 천 씨 아주머니의 모습이 눈앞에 자주 떠올랐다.

천 씨 아주머니는 딸 두 명과 아들 한 명을 두고 있었다. 그 해에 큰딸은 시집을 갔고 둘째 딸은 간호사 학교에 다니고 있었으며, 아들 정쯔正子는 막 중학교에 입학했었다.

천 씨 아주머니 가정은 도시 기초생활보장 수급자에 속하지만 매달 생활 보장금을 받을 수 있는 대상이 아니라, 아이스크림을 팔 수 있는 허가증만을 수령할 수 있는 가정이었다.

0.03위안짜리의 아이스크림 하나를 팔면 0.007위안을 벌 수 있었는데, 하루에 아이스크림 100개를 팔면 0.7위안을 벌 수 있었다. 그렇게 계산하면 아주머니는 아이스크림 장사로 월수입은 20여 위안을 벌 수 있었다.

0.05위안짜리 아이스크림 하나를 팔면 0.01위안을 벌 수 있는데 잘 안 팔릴까 봐 장사하는 사람들이 0.05위안짜리 아이스크림을 많이 들이지 않았다. 사실 일반적으로 사람들은 차라리 0.01위안을

더 주고 0.03위안짜리 아이스크림 두 개 살지라도, 0.05위안을 내고 0.05위안짜리 아이스크림 하나 사먹을 마음이 내키지 않았다.

그때 매일 아침에 내가 깨어나면 천 씨 아주머니가 약한 등불 밑에서 이것저것 음식을 만들거나 이미 다 만들어서 침대 옆에 우두커니 앉아 우리가 깨어날 때까지 기다리는 모습을 볼 수 있었다. 천 씨 아주머니가 옆에 있는 것을 확인하고 나서 나는 깨어나고도 늘 잠깐 눈을 더 붙이곤 했다. 왜냐하면 나는 예전처럼 일어나서 부랴부랴 이것저것 하지 않아도 되고, 옷을 더럽히지 않아도 되고, 천천히 일어나서 이미 끓인 죽을 마시면 되기 때문이었다.

그러나 실은 아침 그 시간대는 천 씨 아주머니가 빨리 아이스크림 공장에 가서 아이스크림을 사들여야 할 시간이었다. 그 시간대를 놓치면 공장에서 줄을 길게 서야 했다.

천 씨 아주머니가 아침에 보살펴 주는지가 나와 동생들에게는 매우 중요했다. 특히 겨울철에는 날이 늦게 밝아져서, 가끔 내가 깨어났을 때 날이 아직 어두운 때가 많았다. 그런 날에 만약 어른들의 모습이 보이지 않으면 나는 종종 동생과 함께 버림 받은 느낌이 들었지만 어찌 할 방법이 없었다. 아주머니 덕분에 나는 수업 시간에 집에 있는 동생들 걱정은 덜 수 있었다. 그리고 그때부터 나는 무단결석을 더 이상 하지 않았다.

천 씨 아주머니는 여러 차례 우리 어머니에게 미안하다고 말했다. 이웃끼리 도우며 아이를 서로 돌보는 것은 당연한 일이라며, 5위안을 받는 것은 옳지 않다고 말했다.

어머니는 천 씨 아주머니에게 5위안을 주지 않은 채 애 돌보는 일은 더 타당하지 않다고 이야기했다. 왜냐하면 우리를 돌보는 것이 아주머니가 아이스크림을 파는 데 확실히 영향을 주기 때문이었다. 다시 말하면 우리 때문에 아주머니의 월수입이 줄어드는 것이다.

두 사람은 항상 5위안에 대해 '논쟁'을 벌였다. 한 쪽은 주려고 하고, 다른 쪽은 받지 않으려고 했다.

"벽이 두 가정 사이에 끼어 있기 때문에 벽 양쪽 가정은 두 가정이 되지만, 이 벽을 철거하면 벽 양쪽 가족은 한 가족이 되는 것이 아니겠습니까? 누구나 살면서 어려움을 겪게 될 마련이니 서로 도와가면서 함께 어려움을 극복하는 것이 올바른 일이죠. 형님은 제가 우리 두 집안을 위해서 17위안을 벌러 간다고 생각해 주시고 부디 이 돈을 받아 주세요." 어머니가 천 씨 아주머니에게 한 이 말들은 나에게 깊은 인상을 남겼다.

그 해, 곧 연말이 다가오는 어느 날, 나는 학교를 마치고 돌아왔더니 쌀뒤주에 먹을거리가 하나도 없는 것을 발견했다. "어떡하면 좋을까? 저녁에 나와 동생들이 무엇을 먹을 수 있을까?" 나는 이미 걱정에 잠겼다.

그때 나에게 먼저 떠오른 생각은 천 씨 아주머니에게 식량을 빌리는 것이었지만, 다시 생각해 보니 천 씨 아주머니가 식량을 구매하는 날이 우리 집과 같은 날이니 우리 집에 식량이 없으면 아주머니 집에도 남은 식량이 있을 리가 없었다.

이러한 생각을 하면서 나는 머리속에 갑자기 안 좋은 아이디어가 하나 떠올랐다. 나는 식량 구매 날짜를 고치기로 했다! 그리고 그 생각을 실제 행동으로 옮겼다! 나는 집에 있는 작은 상자에서 몇 위안의 식량 배급표를 꺼내 식량을 사러 갔다. 결국 그 식량 배급표를 가게 주인에게 압수되었다. 어쩔 수 없이 나는 천 씨 아주머니를 찾아가 울면서 상황을 설명했다.

그때 마침 천 씨 아주머니가 짱아지를 한 항아리에서 다른 항아리로 옮기고 있었다. 원래 짱아지를 담그던 항아리가 얼어서 깨졌다고 했다.

아주머니가 아무 말도 없이 손을 씻고 나를 데리고 식량 가게로 향했다. 가는 내내 아주머니는 여전히 한마디도 하지 않으셨다. 식량 가게에 도착하자마자 아주머니는 나에게 사무실 문 밖에서 기다리라고 하고 혼자 방 안으로 들어갔다.

나는 천 씨 아주머니가 식량 가게 책임자에게 무슨 말을 했는지 듣지 못했다. 십여 분 후에 천 씨 아주머니가 나와서 내게 압수된 식량 배급표를 건네주었다. 아주머니 뒤로 가게 책임자도 함께 나왔는데 그 분이 식량 무게를 다는 직원에게 이렇게 말했다. "이 아이에게 옥수수 가루 10근을 미리 팔아 줘요."

내가 다행이라고 생각하면서 옥수수 가루를 메고 집으로 가던 중에 천 씨 아주머니는 마침내 입을 열었다. "더 이상 그러지 마라. 어떤 일은 어린 아이가 스스로 해결하려 하면 일이 오히려 더 복잡해질 수 있으니까 어른들이 나서야 할 일은 그냥 어른들에게 맡겨라."

어머니가 공장 사내 식당에서 산 워토우窩頭(옥수수빵)를 가지고 집으로 돌아왔을 때 나는 이미 내가 사온 옥수수 가루로 죽을 한 냄비를 끓여 놓았다.

어머니는 언뜻 집에 식량이 없을 거라는 생각이 들어 놀라서 나에게 아직 식량 살 날이 되지 않았는데, 어찌 옥수수 가루 10근이나 사올 수 있느냐고 물었다.

나는 천 씨 아주머니가 나와 함께 사러 갔다고 말했다.

어머니는 "아……" 하고 더 이상 아무것도 묻지 않았다. 그 이후도 이 일에 대해 어머니가 나를 나무란 적이 없다. 아마 천 씨 아주머니가 어머니에게 내가 식량 배급표 조작한 일을 단 한 번도 꺼내지 않았을 것이다.

나는 일찍이『감격感激』이라는 수필을 썼는데 이 글에서 우리 집과 나에게 도움을 준 모든 사람, 즉 내가 평생 감사해야 할 사람들에 관한 일을 묘사했다. 그 내용 중에서 물론 천 씨 아주머니 이야기도 포함되어 있다. 별도의 수필도 있는 데, 제목이 바로『천 씨 아주머니』이다. 앞서 기술한 모든 이야기는 이 수필에도 수록되어 있다.

원래 작품을 내든 책을 내든 동일한 인물과 같은 줄거리가 반복되는 것을 피해야 한다. 그러나 성장과 관련된 책을 쓰는 것은 출판사로부터 받은 과제이고, 나는 내 성장 과정을 허구로 이야기하고 싶지 않다. 또한, 천 씨 아주머니는 내 성장 과정에서 떼래야 뗄 수 없는 한 사람이기 때문에 수 차례 기록해도 무방하다고 여긴다.

한 가지 더 붙이자면 우리 집은 하얼빈에 친척이 단 한 명도 없었다. 천 씨 아주머니는 어머니를 제외하면 나하고 가장 가까운 사람이었다.『천 씨 아주머니』수필에서 나는 "아모亞母(제2의 어머니)"라는 글자로 천 씨 아주머니를 칭한 적이 있는 것 같다.

그리고 나는 우리에게 은혜를 베푼 사람들에 대한 글은 두세 번 기록해도 남에게 쉽게 이해되고 용서받을 수 있는 일이라고 생각한다.

‘외딴섬’에 남아 있는 집

05

5학년 때 우리가 거주하는 집합주택이 대부분 토지징용되었고, 그 땅에 철근 공장을 짓는다고 소문이 돌았다. 그러나 전체 지역이 징용되는 것이 아니라, 우리 집과 천 씨 아주머니 집이 있던 자리는 그대로 남겨두고, 나머지 집은 징용된 범위에 들어가기 때문에 모두 이사를 가야 했다. 우리 두 가정은 물론 '알박기 주민'은 아니었다. 그 시대에는 '알박기' 현상이 매우 드물었다. 우리 두 집을 남겨둔 이유는 우리들의 가옥이 집합주택의 맨 안쪽에 위치하기 때문에 공사설계도에 포함되어 있지 않다고 했다.

이웃들이 하나 둘 이사를 가는 모습, 그리고 그들이 모두 비교적 만족스러운 주택을 얻은 것을 보고 우리 두 가족은 상실감이 얼마나 컸을지 아마 모두 짐작 가능할 것 같다.

그 와중에 나는 천 씨 아주머니가 눈물을 흘리며 우리 어머니에게 말한 것을 들은 적이 있다. "우리 두 집은 앞으로 어떻게 하면 좋을까요?"

어머니는 한숨을 쉬며 어찌할 방법이 없어 힘없는 목소리로 대답했다. "우리가 징용 범위 안에 포함되지 않으니 부러워해도 소용없어요." 그때 어머니의 얼굴에도 서글픈 표정이 보였다.

살던 집합주택은 곧 철거되었고 더 이상 존재하지 않았다. 공용화장실도 철거되었고, 우리 두 가족은 건축 현장에서 건축 근로자들이 임시로 사용하는 화장실을 사용할 수밖에 없었다. 건축 현장에서 터파기 작업 진행하다가 2미터 깊이의 도랑이 파였는데(3층 건물을 짓기 위해서 터를 튼튼히 하고 기초 도랑은 깊이 파야 한다고 했다), 파낸 흙으로 도랑의 일부분을 다시 메워줘야 하기 때문에 이 많은 흙이 바로 다른 데로 치워지지 않았다. 결국 우리 집과 천 씨 아주머니 집에서 멀지 않은 곳에 인조 언덕 두 개가 생겼다. 우리 두 집안은 외출할 때마다 흙언덕을 빙빙 돌아 가야 할 뿐만이 아니라 매번 '다리', 즉 도랑 위에 깔린 나무 발판을 건너야 했다. 이 일은 천 씨 아주머니에게 특히 불편했다. 왜냐하면 아주머니가 아이스크림을 팔러 나갈 때 아이스크림 상자를 실은 카트를 밀고 다리를 건너는 것이 여간 불편한 일이 아니었기 때문이다.

천 씨 아주머니는 어머니에게 이렇게 말한 적이 있다. "집합주택이 없어지고 화장실도 없어지고 이웃까지 모두 이사가는 것을 다 받아들일 수 있을지라도 우리의 정상적인 일상생활을 이렇게 만들어 놓다니?! 공사 시간이 길어지면 지금 이게 너무 비합리적 일이 아니겠습니까? 저는 낯선 사람을 만나면 논리정연하게 한 마디도 못하는 것 알죠? 샤오성 어머니는 직장 다니는 사람이니, 게다가 이 문제에 대해 누구를 찾아 해결해 달라 할 수 있는지도 알고 있으니, 한번 시간을 내서 구청에 찾아가서 우리가 겪고 있는 불편함과 난처한 상황을 좀 얘기해 보면 어떨까요?"

어머니도 천 씨 아주머니와 같은 생각이었다. 그래서 어머니는 곧바로 구청에 가서 상황을 설명했고, 그리고 돌아와서 천 씨 아주머니에게 '보고'했다. "구청 관계자들이 우리보고 불편함을 좀 참으라고 하네요. 건물이 완성되면 주변을 꼭 잘 정리해 주겠다고 했어요." 이 말을 듣고 천 씨 아주머니는 한숨만 쉬셨다.

그러나 어머니는 다른 생각을 하게 되었다. 그때 마침 봄철이었고, 어머니는 채소 씨앗과 꽃씨를 사왔다. 어느 일요일에 나와 동생을 데리고 두 언덕 위에서 밭 두둑을 만들어서 채소와 꽃을 심었다.

어머니가 천 씨 아주머니에게 말했다. "기다려 보세요. 여름이 되면 우리가 나갈 때 각양각색의 꽃을 볼 수 있을 거예요. 가을이 되면 우리 두 집안은 야채를 사지 않아도 바로 야채를 따서 먹을 수 있을 거예요. 제가 가지, 단콩, 오이, 고추는 물론이고 감자, 무, 배추까지 다 심었거든요." 천 씨 아주머니는 이 말을 듣고 쓴웃음만 지었다.

배우자를 잃은 여인과 남편이 일년 내내 다른 지방에서 일하는 여자는 이 특수한 시기에 매우 깊고 깊은 우정을 맺었다.

그러나 우리는 꽃도, 채소도 보지 못했다. 그 해 여름에 비가 자주 왔을 뿐만 아니라 폭우까지 계속 쏟아졌다. 두 언덕에서 막 자란 푸른 싹이 수 차례의 폭우에 모두 떠내려갔다. 언덕에서 흘러내린 진흙이 우리 두 집의 문 앞까지 흘러들었다. 만약 그것을 제때에 막아내지 못하면 진흙물이 집 안으로 흘러갈 수 있었다. 도랑 중의 하나가 점차 물이 가득 고여 거기서 새어 나온 물들이 우리 두 집의 방 안으로 스며들었다. 이것은 일반적인 습한 현상과 전혀 다른 것이었다. 안 그래도 집 안에 물이 고여 있는데 그 물을 아직도 다 퍼내지 못한 데다가 도랑 물까지 스며들어와서 결국 두 집안에 옷과 이불을 담은 낡은 나무 상자들이 모두 물에 잠겼다. 더 경악스러운 것은 우리 집에 익사한 생쥐가 물에 뜬 경우도 있었고, 물 속에 각종 벌레가 보여서 정말 역겨웠다.

그래서 우리 형과 나, 그리고 정쯔형 셋이 함께 우리 집에 있는 톱으로 공사장에서 비계를 설치할 때 사용했던 나무판을 자르고, 그것을 집 안으로 들여와서 임시로 건널 발판을 만들었다. 그렇지 않으면 우리 두 집안에는 정말 건조한 곳이 하나도 없을 지경이었다.

이러한 상황이 벌어지고 나니 공장 건설 공사가 겨우 중단되었다. 어머니는 또 다시 구청을 찾아갔다.

구청에서 보내 온 사람들이 현장을 둘러본 후에 즉시 이렇게 말했다. "더 이상 여기에 살 수 없을 것 같네요. 너무 위험하고 인명피해가 발생할 수도 있으니까요. 가능한 한 구청에서 빨리 빈 집 두 채를 찾아 두 가족이 이사갈 수 있도록 도와 드리겠습니다."

구청 사람들이 떠난 후에 어머니가 울었다.

천 씨 아주머니는 의아해하면서 어머니에게 말했다. "왜 울어요? 이제 희망이 보이잖아요. 좋은 일이에요."

어머니는 이렇게 말했다. "형님. 저는 진작부터 울고 싶었어요. 그러나 아이들 앞에서 울 수 없잖아요. 이제 드디어 희망이 보이니까 한번 울어도 될 것 같아요."

비록 희망이 생겼지만, 그 시대에 구청에서 빈 집 두 채를 찾는 것은 결코 쉬운 일이 아니었다.

두 가정은 기다리고 또 기다리는데 어느새 11월이 다가왔다. 도랑에 물이 얼었고, 집 안도 곳곳이 얼어붙었다. 밤에는 종종 얼음층이 더 두꺼워지는 빵빵 소리가 들렸다.

마침내 어느 날 구청에서 사람이 왔는데 집 한채가 먼저 확보됐다고 했다. 방은 두 개가 있고, 총 24제곱미터 정도로 된 러시아 스타일의 낡은 주택이었다. 위치는 꽤 좋고 건축 품질도 좋지만 우리와 천 씨 아주머니 가족 중에 어느 집이 먼저 이사갈 건지 정해야 했다.

"샤오성 어머니가 성사시킨 일이니까 당연히 샤오성네 집이 먼저 이사가야죠." 천 씨 아주머니가 말했다.

그러나 어머니는, "우리 집은 식구가 많고, 아이들이 커가면서 더 큰 공간이 필요해요. 다음에 구청에서 해결해 준 집이 좀더 크지 않을까 우리가 그렇게 바라고 있거든요. 형님네 집은 정쯔와 둘이 사니까 지금 나온 이 집에 더 잘 맞는 것 같아요. 먼저 이사가는 게 좋겠네요."

그리고 며칠 지나 어느 일요일에 나와 우리 형은 정쯔형을 도와 천 씨 아주머니네 집을 옮겼다.

사방에 도랑이 둘러싸여, 문을 나가면 언덕이 바로 보이는 이 '외딴섬'에는 결국 우리 가족만 남게 되었다.

그때부터 나의 성장은 전례없이 외로운 시기에 들어섰다. 그 전에는 천 씨 아주머니 집에 가서 정쯔형과 놀 수 있었지만 이제 학교를 마치면 남동생 둘과 여동생 하나만 마주하게 될 뿐이었다.

그리고 매일 아침에 깨어나면 더 이상 천 씨 아주머니의 모습을 볼 수 없었고, 모든 일을 또다시 내가 스스로 해야 했다. 그러나 그때 나는 하루도 학교를 빠지지 않았다. 어머니가 눈물을 흘리시는 것을 본 적이 한두 번이 아니기 때문이었다. 어머니가 우는 모습이 나를 철들게 했다고 생각한다.

그해 12월 20일쯤에 구청에서 또 사람이 찾아왔다. 어머니가 바라는 대로 우리에게 28제곱미터의 주택을 찾아 제공해 주겠다고 했다. 위치상으로 그리 이상적이지 않아, '외딴집'보다 시내에서 더욱 멀어진다고 했다. 구청 사람들의 말로는 이 집은 어머니가 구청의 상황을 충분히 이해해 주고, 이에 대한 '답례'로 구청에서는 어머니의 희망사항을 최대한 존중하여 찾아낸 집이라고 했다. 만약 이 집이 우리가 마음에 들지 않다면 내년 봄에 다시 다른 집을 알아볼 수밖에 없다고 했다.

말이 이렇게 나왔으니 어머니와 형은 그 집을 한 번 보기로 했다. 돌아와서 형은 "그럭저럭 괜찮다."라고 말했다.

형과 달리 어머니는 "그 정도면 아주 괜찮지. 우리가 지금 사는 집과 비교하면 하늘과 땅의 차이가 아니겠어? 천 씨 아주머니가 이사간 집보다 4제곱미터나 더 크잖아? 너희도 엄마 좀 이해해 줘야 할 것 같아. 구청이나 시청에 일을 부탁하는 것이 그렇게 쉬운 일이 아니야. 이제 너희들에게 말해도 될 것 같다고 생각해서 말해주건데 실은 엄마가 구청에 가서 울기까지 했어!"

어머니의 말을 들은 후에 우리는 더 이상 의견을 내지 않기로 했고, 모두 어머니가 결정하는 대로 하겠다고 의사를 표했다.

우리 남매 다섯이 더 이상 단 하루도 우리가 싫어하는 '외딴집'에서 살고 싶지 않았다! 우리가 모두 새 집에서 신정과 구정을 보낼 수 있기를 간절히 바랐다.

12월이 지나가기 며칠 전, 구청에서는 트럭 한 대와 몇 사람을 보내 우리 집 이사를 도와줬다.

우리가 이사를 빨리 한 것이 얼마나 다행스러운 일인지 그 후에 알게 되었다. 1월 1일 후에 눈이 펑펑 내렸고, 우리와 천 씨 아주머니가 살던 그 주택이 폭설에 무너졌다고 했다.

춥디추운 겨울

06

그 해 겨울은 유난히 춥고 눈이 많이 내렸다.

우리가 이사간 새 집도 전에 살던 집과 같이 안팎 방 두 개가 있고, 방은 길쭉한 직사각형 형태였다. 안방은 16제곱미터이고 바깥방은 12제곱미터였다. 안방은 그나마 방처럼 보이고, 바깥방은 좁아서 길쭉한 형태가 더 부각되어 방이라기보다 복도와 더 흡사했다. 그리고 전과 마찬가지로 방문 앞에 문두가 있었다. 하얼빈에서 주택이라고 할 수 있는 곳이면 거의 집집마다 다 문두가 설치되어 있었다. 왜냐하면 겨울이 되면 찬바람이 매서운데 문두가 없는 집은 들락날락 문을 열기만 하면 찬 기운이 바로 집 안으로 쑥 들어와 집 안의 온도를 더 이상 유지하기 어렵기 때문이었다.

드디어 우리는 벽이 기울지 않고, 문도 기울지 않고, 창문이 반듯한 새 집에 살게 되었다. 구청에서 사람을 보내 우리 집 안방에 트윈 '침대'를 만들어 줬다. 아니, 엄밀히 말하면 트윈 온돌침대를 해 줬다. 안방은 앞뒤가 모두 창문이 있고, 트윈 침대는 두 창문과 붙어 있었다. 그래서 침대에 앉아 있으면 앞쪽 창문으로는 마당을 볼 수 있고, 뒤쪽 창문으로는 뒷골목을 바라볼 수 있었다. 어머니는 이 점에 대해 매우 만족스러워하셨다.

그러나 그 겨울에 우리 가족은 몹시 추웠다. 날씨도 추운 데다 급하게 이사오느라고 미리 좋은 석탄을 사러 가지 못했다. 게다가 새 집은 제한된 공간에 우리 가족을 위해 급작스레 지어졌기 때문에 우리가 입주할 때는 진흙 벽이 아직 덜 말랐고, 화로 벽의 크기도 너무 작았다.

어느 정도까지 추웠냐면 안방의 벽에는 서리가 맺혔고 바깥방의 물통에 얼음이 보일 정도였다.

그럼에도 불구하고 우리 가족은 즐거운 분위기에서 신정을 보냈다. 어머니가 나에게 1위안을 주시고는 일요일에 시내에 가서 색종이 몇 장을 사오라고 시켰다. 그때 색종이는 시내에 가서야 살 수 있었다. 새 집에서 시내까지 가는 거리는 '안자편'에서 시내로 가는 시간보다 30분 이상이 더 걸리는 먼 길이었다.

"거리가 머니까 차를 타고 다녀와도 돼." 어머니가 이렇게 말했다.

나는 "많이 걷는 건 저에게 하나도 힘들지 않아요."라고 대답했다.

"그럼 아껴둔 0.2위안은 너에게 줄게." 어머니가 돈 준다고 말하자 나는 곧바로 "아니에요, 어린애가 돈은 왜 필요합니까?"라고 대답했다.

나는 마음속으로 아껴둔 0.2위안으로 집안을 위하여 색종이 두 장을 더 살 수 있다고 생각했다.

어머니는 내가 사온 색종이로 가랜드를 만들고, 창문 장식에 쓰이는 각양각색의 전지剪紙, 그리고 복福 글자 전지도 만들었다. 설날 앞두고 우리 집 바깥방 지붕에는 예쁜 가랜드가 걸려 있고, 창문에는 전지가 붙어 있고, 문에는 '복' 글자 전지가 붙어 있었다. 밤에 불빛을 비추니 벽에 생긴 서리도 다채로운 빛을 반사하고 있었다. 형과 셋째 동생과 나는 같은 침대에서 잤는데, 형은 이불에 엎드려 교과서를 읽고 있었고, 나와 셋째 동생은 한 이불 속에서 우리 집을 바라보고 또 바라봤다.

다른 사람 눈에는 이 집은 그저 평범한 주택에 불과할 것이고, 감상할 만한 곳이 전혀 없다고 여기겠지만 우리 가족들에게는 새 집이 생겼다는 것만으로도 매우 행복한 일이었다.

추위에 대해서라면, 우리는 그 전에 살던 집에서도 겨울에는 따뜻하지 않았기 때문에 가족들은 이미 추위에 익숙해져 있었다. 비록 손발이 온종일 시리고 빨갛게 부어 있었지만 어린아이라서 추위에 비교적 잘 버틸 수 있었다.

새 집에 있는 집합주택 부지는 그리 크지 않았다. 예전에 살던 집합주택보다 훨씬 작았지만 세대가 많았다. 우리 집 포함해서 총 여덟 세대가 주택에 있었다. 다른 세대의 주택 면적은 우리 집보다 컸고, 우리 집과 마찬가지로 다른 데서 살다가 이사온 사람들이었다. 우리 집은 마지막으로 이사 들어왔다.

설날 초하루 새 이웃들이 잇달아 우리 집에 새해 인사를 하러 왔다. 다른 데서 이사온 이웃들과 우리 집은 모두 같은 소원을 품었다. 그것은 바로 이웃과 화목한 관계를 맺고 사는 것이었다.

세배하러 온 이웃들에게 어머니가 말한 첫 마디는 늘 "얼른 화로벽 옆에 앉으세요!"였다. 화로벽 앞에는 오래된 상자 두 개가 나란히 놓여 있는데 사람들이 상자 위에 앉을 수 있었다. 그 곳은 우리 집에서 가장 따뜻한 곳이었다!

이웃들 중에 연탄 공장에서 회계 업무를 맡은 아저씨가 벽 한쪽을 보고 어머니에게 물었다. "그건 서리인가요?"

"맞아요. 애들이 서리를 밑으로 긁었는데 금방 또 생기더라고요. 방법이 없어서 그냥 놔뒀죠." 어머니가 설명했다.

그 아저씨가 우리 집에서 나갈 때 어머니에게 이렇게 말했다. "집 안이 너무 추워요. 겨울이 아직 긴데 그냥 참으면서 한 겨울을 견뎌내기 힘들 거예요. 연탄을 살 돈을 미리 준비해 두시고 설 지나면 이 집 첫째, 둘째 보고 제가 회계를 하는 연탄 공장에 와서 좋은 연탄 반 톤을 사오라고 하세요."

또 다른 이웃집 아저씨는 새해 인사를 나눈 뒤에 이렇게 말했다. "화로가 설치되어 있는 벽의 열기로 한 겨울 보낼 수 있겠어요? 안방에 난로 하나 쌓는 게 어떨까요? 그러면 안방이 훨씬 더 따뜻해질 거예요."

"아이들이 그런 일을 할 줄 몰라요. 게다가 우리집에는 벽돌도 없어요." 어머니가 말했다.

"벽돌이 그렇게 많이 필요하지는 않아요. 우리 집에 오래된 벽돌이 좀 있는데 아이들이 가져와서 써도 돼요. 아이들이 못하면 제가 할게요."

"아……그러시다면 저희들은 너무 감사하죠. 설 지나면 바로 쌓아야겠네요."

"이왕 말이 나왔으니 설 이후를 기다리지 말고 내일 바로 쌓아요. 하루 일찍 불을 지피면 방이 하루 일찍 따뜻해지잖아요" 아저씨가 어머니에게 이렇게 말했다.

설 이튿날에 이웃 아저씨의 도움으로 우리 집 안방에도 벽난로가 하나 생겼다.

난로가 생기면 덮개와 굴뚝도 있어야 불을 지필 수 있는데, 아저씨가 어머니와 함께 이 집 저 집에 가서 덮개와 굴뚝을 빌렸는데 뜻밖에도 필요한 것을 다 빌려 왔다.

어른이 된 이후에도 나는 늘 궁금했다. 그때 새 이웃들이 왜 우리 가족들에게 그렇게 친절하게 잘해주는지. 아마도 아버지가 '대삼선' 노동자 때문이 아닐까 싶다. 그 당시에 '대삼선' 노동자의 가족은 종종 군가족 같은 대우를 받았다. 또한 어머니는 작고 앙상한 몸을 가진 여자로 다섯 아이를 데리고 생활하는 것이 여간 쉬운 일이 아니기 때문에 다른 사람의 동정을 불러일으켰을 수도 있었다. 그것도 아니면 우리 집이 운이 좋아서 친절하고 착한 사람들과 한 집합주택에서 만나 이웃 관계를 맺게 된 것이 아닐까 싶다.

설날 셋째 날부터 집 안은 그리 춥지 않게 되었다. 그러나 집에 연탄이 얼마 남지 않았고, 아침마다 탄 가루로 불을 피우는 것은 매우 어려웠다. 게다가 그것으로 방을 따뜻하게 하기는커녕 밥을 짓는 것조차도 부족했다.

"이웃집 아저씨가 우리 집에 좋은 연탄 반 톤을 사오라고 했는데, 그게 얼마나 큰 도움이 되는 일인지. 그런데……" 나는 어머니가 형에게 이렇게 말을 하다 끊은 것을 들었다.

형은 무슨 말을 해야 할지 몰라 그저 침묵했다.

나는 끊은 내용 뒤의 말을 짐작할 수 있었다. 그것은 "집에 돈이 없다."는 것이었다. 나는 그 내용을 충분히 짐작할 수 있고, 형도 물론 잘 알고 있을 것이었다. 매년 상황은 그랬다. 설날이 지나면 아버지가 제때에 돈을 부쳐주지 않으면 어머니는 이웃들에게 가서 돈을 빌려야 했다.

그러나 새집 이웃들이 모두 우리가 이사 와서 새로 알게 된 지 며칠도 안 되는 사람들인데, 어머니가 어찌 그 분들에게 손을 벌여 돈 빌려 달라는 얘기를 꺼낼 수 있겠는가?

나는 어머니의 걱정스러운 표정을 보고 마음이 매우 괴로웠다. 참다 못해 내가 먼저 말을 꺼냈다. "엄마, 우리 집에 있는 그 널빤지 몇 개를 팔면 어때요?" 내가 말한 널빤지는 옛 집에서 물을 건너기 위해 깔았던 그 널빤지들이었다.

어머니는 형을 쳐다보았다. 널빤지를 팔려면 날이 어두워진 후에 널빤지를 야시장이 있는 곳으로 가져가야 했다. 그러나 그런 곳에서 하는 거래는 모두 합법적 거래가 아니었다. 거기서 어떤 사람은 식량 배급표, 직물 배급표, 술과 담배 배급표를 몰래 팔았다고 했다. 물론 관리자가 있을 때는 그런 거래가 불법이고, 관리자가 없을 경우 사람들은 그저 그러려니 하며 거래를 진행했다.

"엄마, 저… 갈 수 있을 것 같아요!" 형은 이렇게 말했지만 그 말은 매우 억지스러웠다. 형은 이미 중학생이었고 게다가 공청단 간부였기 때문에 자신의 행동이 '위법'이라는 두 글자와 관련이 있을까 봐 두려웠다.

나는 형의 말에 이어 말했다. "형, 저도 같이 가요. 누가 잡으러 오면 형은 먼저 도망가고 제가 그 사람들 막고 있을게요."

"헛소리 하지 마!" 형은 나에게 소리쳤다.

어머니는 한숨을 쉬며 내 머리를 쓰다듬고, 우리 집을 도와 난로를 쌓아준 아저씨에게 손수레를 빌리러 나갔다. 그 아저씨는 고물상이라서 집에 손수레가 있었다.

정월 대보름 전날에 나와 형은 널빤지를 팔러 야시장에 갔다.

그러나, 결국 우리 형제 둘은 다 잡혔다. 이유는 그 널빤지가 건설 현장에서만 있을 수 있는 발판이기 때문에 톱질된 그 널빤지가 수사관들에게 훔친 물건으로 의심받았다. 그래서 형은 구속됐고, 나는 집에 가서 보호자와 동행해서 다시 수사 받으러 가야 했다.

나는 집에 도착하자마자 울었다. 가슴이 답답하고 분했다. 그런데 그 화를 누구한테 내야 할지 몰랐다.

어머니는 당황스러워서 급히 이웃집 아저씨에게 달려갔다. 왜냐하면 같이 억류된 것 중에 아저씨의 손수레도 있었다. 어머니는 다시 집으로 돌아올 때도 눈시울이 붉히셨다. 그것은 분명히 울었던 흔적이었다.

이웃집 아저씨는 시장에서 오래 거래하는 사람으로 그는 줄곧 어머니에게 조급해하지 말라고 하며, 자신이 수사팀 팀원 몇 명과 아는 사이라고 했다.

어머니가 상황을 설명한 후 수사관이 이웃집 아저씨 체면을 봐서 그런지 더는 우리를 난처하게 하지 않았고 형에게 거래 허가증을 주었다. 그것이 있으면 더 이상 우리의 장사를 방해하는 사람이 없을 것이었다.

이웃집 아저씨가 어머니가 옷도 얇게 입고 온 모습을 보고 어머니와 나에게 먼저 집에 돌아가라고 권유했다. 그리고 그는 형과 함께 널빤지가 팔릴 때까지 시장에서 조금 더 기다리겠다고 했다. 널빤지를 팔자는 주장은 내가 꺼낸 거라 그 자리에서 먼저 물러서면 안 된다고 생각해서 나는 아저씨에게 함께 남겠다고 말했다.

어머니가 집에 간 후에 아저씨가 형에게 설명했다. "가만히 서 있으면 안 돼. 힘찬 소리를 내어 호객을 해야지."

그러나 형은 "널빤지 팔아요~~"라는 이 몇 글자를 끝내 내뱉을 수 없었다.

이웃집 아저씨는 "아…그럼 좀 곤란하네. 나는 '폐기물 수거요~~'라는 문구는 입에 붙는데, '널빤지 팔아요'라는 말은 술술 나오지 않네."

"내가 할게요." 나는 자신있게 호객 일을 맡기로 했다.

그 추운 밤에 나는 계속 큰소리로 외쳤다. "널빤지를 팔아요! 상등의 널빤지요! 튼튼하고 두터운 널빤지를 싸게 팔아요! 널빤지를 살 사람이 있을까요?"

나는 그렇게 큰 소리로 외친 적은 처음이었지만 그날 나의 호객 소리가 정말 우렁찼다.

한 시간이 넘게 지난 뒤, 널빤지가 드디어 15위안에 팔렸다. 그 돈으로 좋은 연탄 반 톤을 살 수 있을 뿐더러 1위안 남짓을 남길 수도 있었다.

그러나 밤중에 나는 열이 났다.

시내의 큰 병원에만 응급진료가 있는데, 우리 집은 이미 시내에서 아주 먼 곳으로 이사 왔기 때문에 그 시간에 버스도 끊겨서 갈 수 없었다. 집에 약도 없고 이웃들이 모두 등불을 끄고 자는 상황이었다. 어머니는 자고 있는 이웃집 방문을 두드려 해열제가 있는지 물어볼 용기가 없었고, 방에서 어쩔 줄 몰라 발을 동동 굴렀다.

그때 형은 어머니에게 집에 고량주가 있느냐고 물었다.

마침 설날에 우리 집에 주류 배급표가 있는데 그것으로 술을 사지 않았으면 유효기간이 지나 표가 무효로 될 수 있으니 그때 어머니가 혹시 남에게 부탁할 일이 생기면 선물용으로 하려고 미리 사 두신 고량주 한 병이 있었다. 그래서 아직 뚜껑도 따지 않은 상태였다.

형은 어머니에게 고량주로 내 몸을 닦아 주면 해열이 된다고 얘기해 주었고 어머니는 이 방법이 과연 믿을 만하냐고 물었다. 형은 이 방법은 소설에서 본 것이라며 확실히 효과가 있는지 자기도 잘 모른다고 하지만 그때 그 방법 외에는 더 나은 방법이 없어서 어머니는 형이 알려준 방법대로 고량주 반 그릇을 따르고 끓는 물에 데워서 솜에 묻혀 내 앞가슴과 등, 손바닥과 발바닥을 닦았다. 그리고 내 몸이 아직 알콜로 젖어 있는 상태에서 어머니가 계속해서 두 손으로 내 몸을 문질러 줬다. 형도 어머니를 도와 내 온몸에 땀이 뻘뻘 나도록 문질러 줬다. 그 다음날 아침에 과연 열이 내렸다.

그 후에 우리 집에 좋은 연탄 반 톤이 생겼고, 남은 겨울날에 우리 가족은 더 이상 추위에 떨지 않아도 되었다.

아버지가 돌아왔다!

07

그해 7월에 아버지께서 집으로 돌아오셨다.

7월은 하얼빈 날씨가 가장 좋은 계절이다. 비가 오지 않는 날에는 거의 매일 햇빛이 찬란하고 맑다. 나뭇잎도 7월에 가장 푸르고, 작은 정원이 있는 집은 정원에 대개 한두 종류의 꽃이 피게 된다. 남자 아이들은 조끼와 반바지만을 입어도 되고, 여자 아이들은 치마와 '쁠라찌예布拉吉'를 입을 수 있다.[1] 치장한 아이들 그 자체가 하나의 아름다운 풍경이 되었다.

그러나 그해 7월에 임시직으로 일하는 일부 가정 주부들이 해고되었는데, 어머니도 해고 명단에 들어 있었다. 그래서 어머니는 재빨리 또 새로운 일자리를 구했는데 다행히도 금방 찾았다. 동네 공장에서 방한화 신울을 가공하는 일인데 일하는 장소도 집에서 가까웠다.[2] 게다가 개수불 임금個數拂賃金이라 주물공 일보다 더 많이 벌 수 있었다.[3] 초등학교 교과서에 실린『자모정심』본문 내용 중의 일부분은 바로 어머니가 매일 출근하는 일과 관련된 것이었다.

어머니는 자신이 매우 운이 좋다고 생각했다. 왜냐하면 비교적 넓은 집이 생겼을 뿐만 아니라, 벌 수 있는 돈도 몇 위안이나 더 늘어나서 우리 식구 삶의 수준이 전보다 높아지기 시작했고, 온 가족이 즐겁게 지낼 수 있게 되기 때문이었다.

더군다나 어머니는 같은 집합주택에 있는 이웃들, 그리고 동네

•

1 '쁠라찌예'는 러시아어 '원피스'의 음역이다.(엮은이 주)

2 신울은 신발의 양쪽 가에 댄, 발등까지 올라오는 부분을 말한다.(역자 주)

3 개수불 임금은 노동 시간의 장단에 관계없이 생산된 양에 따라 돈을 지불하는 것을 말한다.(역자 주)

어머니들과 친해져서 그야말로 '한 마음이 되었다'.

이웃 중에 고물상 아저씨 집 상황은 우리 집보다 더 어렵고, 그리고 같은 동네에 사는 주민들 중에는 우리 집보다 더 어려운 집이 있었다. 그래서 어머니는 가끔 어려운 가정의 어머니들에게 이런 말을 해 주기도 했다. "급하게 돈이 필요하면 말씀하세요. 10위안이나 20위안 정도는 제가 빌려 드릴 수 있어요."

우리 어머니가 다른 아이들의 어머니들에게 돈을 빌리는 것이 아니라, 오히려 돈을 빌려준다는 이야기를 듣고, 아들인 나는 정말로 마음이 편해졌다.

이제 나도 제때에 등록금을 낼 수 있게 되었으니 그동안 품고 있던 열등감도 점점 사라졌다.

한편, 그해 7월에 나는 난생처음 경험한 두 가지 일이 있었다. 첫째 일은 구청에서 동네 관리자들을 통해 우리 집으로 '대삼선' 건설 노동자를 위한 위문권을 보냈는데, 그것으로 지정된 상점에서 사탕이나 장난감과 같은 선물을 수령하거나 지정된 사진관에서 가족사진 한 장을 찍을 수 있다고 했다.

우리 남매들은 모두 가족사진을 찍자는 의견이었고, 어머니도 그것을 원했다. 그래서 우리 집에 아버지가 결석한 '가족사진'이 생겼다. 그 사진이 내가 쓴 책에서 사진이 필요한 곳에 여러 차례 실렸다. 내 기억에 그때가 어머니가 가장 기분이 좋았던 시기이자 우리 남매들이 가장 즐거웠던 시기였다.

둘째 일은 형이 학교의 추천으로 '하얼빈의 여름'이라는 음악회에서 행사보조 자원봉사자가 되었다. 거기서 형은 음악회 입장권 검사, 출입객 입장 질서 유지, 장내와 장외 청소 등을 도왔으며, 무대에 올라 피아노를 옮기는 일도 한 번 도왔다. 반대급부로 형이 입장권 하나를 받았는데 나는 그것을 가지고 청년궁青年宮에서 열린 '하얼빈의 여름' 음악회에 참석했다. 그날 나는 가족사진을 찍었을 때 내가 입었던 가장 좋은 여름 의상을 입었고, 입장할 때 가능한 한 신사처럼 행동했다.

그 경험은 나에게 지금까지도 잊을 수 없는 인상을 남겼다. 나에게는 콘서트홀이 정말 기묘한 곳이었다. 왜냐하면 거기서 나를 포함한 평범한 가정의 소년이 자신의 행동이 예의 바른 행동인지에 대해 신경을 쓰게 만들었기 때문이다. 음악회에 다녀온 후에 음악회에서 유명한 성악가들이 부른 노래들이 나중에 나도 모두 부를 줄 알게 되었고, 그리고 그 노래들이 지금까지도 나의 즐겨듣기 음악리스트에 들어가 있다. 예컨대, '초원지야草原之夜', '홍하곡紅河谷', '오소이선가烏蘇里船歌' 등이다.

나는 우리 새 집이 매우 좋았다. 학교에 가는 것과 숙제를 하는 것 외에 시간이 날 때마다 나는 집 청소를 했다. 창문을 닦을 때는 먼저 네 귀퉁이를 닦았다. 왜냐하면 네 귀퉁이가 깨끗해야 창문 전체가 깨끗이 닦이기 때문이다. 이것은 내가 자주 창문을 닦아서 얻은 경험이며, 매번 창문을 닦을 때 내 자신에 대한 요구 사항이었다. 만약 어느 날 비가 와서 창문이 더러워지면, 그 다음날 나는 반드시 시간을 내서 다시 깨끗이 닦아야 했다. 그때 나는 이미 우리 집 창문이 깨끗하지 않은 것을 참을 수 없게 되었다. 그리고 우리 집의 바깥방 바닥은 벽돌이었다. 벽돌 바닥은 목재 바닥보다 흙이

나 먼지가 더 쉽게 묻을 수 있었다. 그래서 나는 종종 스홉으로 벽돌 하나하나를 긁어 벽돌 원래의 붉은색이 다시 드러나도록 했다.[4]

그리고 안방의 목재 바닥은 나는 적어도 일주일에 한번 딱딱한 솔로 닦는데, 그 결과 바닥에 나무 무늬가 선명하게 보였다.

이웃집 어머니들은 늘 형과 나를 이렇게 칭찬했다. "형님 진짜 팔자가 좋으세요. 첫째 아들은 공부를 그렇게 좋아하고, 둘째 아들은 집안일을 그리도 잘해서, 부지런한 여자애보다 더 낫겠네요!"

그럴 때 어머니는 웃으며 이렇게 말했다. "한 어머니가 아홉 아들을 낳아도, 아홉 아들마다 각자 다 다르지요!"

그 말이 맞았다. 나는 노는 것을 전혀 좋아하지 않고, 집안일 하는 것을 특히 좋아했다. 게다가 내가 보기에 그때 우리 집은 이미 아주 괜찮은 상태인 것 같았고, 그렇게 된 이상 집을 더욱 깨끗하게 유지해야 되지 않겠는가? 청소 외에 나는 요리하고 빨래하는 것도 좋아한다. 아궁이 앞에 앉아 죽이 타지 않도록 냄비를 지키면서 조용히 만화책 한 권을 읽는 것은 나에게 너무나 즐거운 시간이었다. 그리고 동생들이 입고 다니는 옷은 비록 낡고 수선한 흔적이 있을지라도 항상 깨끗했던 점은 또한 나를 기쁘게 하고, 나는 동생들의 둘째 형, 혹은 오빠 노릇을 제대로 했다는 뿌듯함을 느끼게 했다.

새 집 벽에는 페인트가 벗겨진 곳과 곰팡이가 번져 검은 반점이 군데군데 생긴 곳이 몇 군데가 있었는데 그것은 겨울에 벽에 서리

---

4 스홉은 가루, 모래, 덩어리 따위를 담아 올리거나 섞는 데 사용하는 숟가락 모양의 기구이다. 삽과 비슷하나 크기는 더 작고 끝이 평평하다.(역자 주)

가 껴서 빚은 결과였다.

어머니에게 내가 직접 벽을 한 번 도배하겠다고 말했더니 어머니가 아주 놀란듯이 말했다. “너 혼자 할 수 있겠어? 엄마는 매일 일하러 나가서 너를 도울 수 없는데, 형도 공부에만 전념해서 도울 겨를이 없지 싶어. 한번 잘 생각해 봐. 너무 무리하지 말고.”

“엄마, 걱정 마요. 저 잘할 수 있어요” 나는 자신만만하게 대답했다.

어머니는 더 이상 아무 말 않고 승락해 줬다. 나의 어떤 생각에 대해 어머니가 ‘옳은 일’이라고 판단할 때 어머니는 늘 해 보라는 태도를 보여줬고 나의 열의를 꺾지 않았다.

그때 나는 이웃들과도 친해져서 쉽게 페인트 브러시를 빌렸다. 그리고 나는 학교에 가는 길에 어디서 황토를 파낼수 있는지를 유심히 살펴봤고, 결국 셋째 동생의 도움으로 집에 황토 두 양동이를 옮겼다. 벽에 고르게 바른 후에 균열 크랙을 줄이기 위해 셋째 동생과 넷째 동생이 체로 연탄재를 거르고, 모래 대신 걸러내는 연탄재를 황토와 함께 섞었다. 그리고 소석회도 있어야 하는데 그 당시에 소석회를 구하기가 매우 어려웠다. 나는 한 공사장에서 쏟아진 소석회 찌꺼기를 발견했는데, 그것은 석회덩어리로 회반죽을 만든 후에 남은 물질이었다. 그것을 다시 끓는 물에 한번 담그면 백회색 물을 얻을 수 있었다. 물론 그것으로 벽을 도배하면 벽이 완전히 흰색으로 드러날 수는 없었다. 그래도 아무것도 안 바르는 것보다 더 흰색에 가까운 색으로 나타낼 수 있었다. “그런데 벽을 왜 굳이 하얗게 도배를 해야 하는가? 벽을 하얗게 도배 안 하는 집안도 있잖아?”

이런저런 생각을 하면서 언뜻 내 머릿속에 아이디어 하나가 떠올랐다. 나는 백회색 물 한 그릇에 파란색 잉크 몇 방울로 만든 물감을 섞었다. 그리고 섞은 물로 벽을 발랐다. 벽이 마른 후에 보니 뜻밖에도 색이 너무 예쁘게 나왔다! 흰색에 푸른 빛이 돌며, 은근한 파란색에 흰색 느낌에도 가깝다는 그런 효과였다.

이제 모든 준비 작업이 다 되었다! 어느 날 학교 마친 후에 나는 '우리집 벽 도배 공사'를 시작했다. 셋째 동생과 넷째 동생도 열심히 도와줬다. 동생들도 아버지가 집에 돌아오실 때 아버지에게 서프라이즈를 줄 수 있기를 바랐다. 집에 벽이 물렁물렁해진 부분을 제거할 때나 도배할 때 필요한 스홉 등 도구가 없어서 나는 아쉬운 대로 요리를 볶을 때 쓰는 주걱을 갖고 와서 대신 해 봤는데 의외로 작업하기 편했다.

그러나 역시 말로는 쉽지만 실행하기는 매우 번거로웠다. 우리집은 빈집이 아니기도 하고 나와 동생들도 아직 가구를 밖으로 옮길 힘이 없어서 가구를 조금 옆으로 옮길 수만 있었다. 나는 매우 조심스럽고 또 인내심 있게 작업해야 했다. 그렇지 않으면 여기저기 소석회 물을 묻힐 수 있 수 있었다.

어머니가 퇴근하기 전에 나와 동생은 벽 한 면을 도배해 놨다.

어머니가 와서 보시고 우리를 연거푸 칭찬했다. "아들들아, 너희들 정말 능력이 좋구나. 고생했다. 너무 고마워. 엄마는 너희들을 위해 맛있는 거 준비할게."

어머니는 우리가 수고했다고 샤오빙燒餠 열 몇 개를 사왔고 수제

비도 한 가마솥 가득 끓였고, 그리고 볶음요리 두 개를 해 줬다.[5]

다음날 아침 그 전날에 도배한 벽이 완전히 다 말랐는데 색깔이 아주 예쁘고 쏙 마음에 들었다.

동생들과 나는 한 번 맛 본 성취감에 더 일하고 싶어졌다. 오후에 우리는 더욱 활기차게 일했고, 실전 경험이 있으니 일 진행하기에 더욱 편해지고 순조로웠다.

5일 후, 나의 지도 하에 '우리집 벽 도배 공사'가 무사히 잘 끝났다. 우리집 바깥방 벽은 처음 입주했을 때보다 더 하얘졌다. 정확히 어떤 색이냐면 신조어 '양안養眼(특별히 눈을 즐겁게 하다)'는 말로 빌려 표현하자면 특별히 눈을 즐겁게 하는 그런 푸른 빛이 도는 흰색, 혹은 하얀색에서 파란색이 은근한 그런 색깔이었다. 어쨌든 매우 보기 좋았다. 뿐만 아니라, 나는 동생들과 함께 벽의 아래쪽 부분에 옅은 노란색, 구름이나 파도 모양의 아름다운 패턴을 만들어냈다. 그것은 우리의 창의력이 터져 나온 '발명품'이었다. 어머니가 옷을 염색할 때 사용하는 염료를 소석회 물에 섞고, 그리고 물에 젖은 천을 꽈배기처럼 두 번 비틀고 나서 소석회 물을 묻혀, 그것을 벽에 패턴 있게 구르면 아름다운 도안이 벽에 나타났다.

같은 집합주택에 사는 이웃집 중에 대부분 여자아이가 많고, 남자아이가 있는 가정도 있지만 나이가 대부분 어렸다. 우리 집만은 형제 네 명이 있고, 막내 남동생이 초등학교 1학년에 입학했다.

•

5 샤오빙은 밀가루를 반죽하여 원형 또는 사각의 평평한 모양으로 만들어 구운 중국의 빵이다.(역자 주)

이웃집 어머니들이 우리집 창문 밖에 서서 방 안을 들여다보는데 모두 놀라움을 금치 못했다.

어떤 아주머니가 이렇게 말했다. “역시 남자아이가 많은 집안이 좋구나. 이런 작업은 또래 여자아이가 어찌 할 수 있겠어요?”

그리고 한 아주머니가 “역시 건설 집안 출신 아들이 남과 다르구나. 어린 나이에 집을 이렇게 예쁘게 꾸밀 수 있다니!”라고 칭찬해 줬다.

또 다른 아주머니가 “애들 아버지가 돌아와서 보면 기분이 얼마나 좋겠습니까?”라고 부러워하며 말했다.

이웃집 아주머니들의 칭찬이 끊이지 않으니 어머니가 웃으면서 이렇게 말했다. “나중에 집에 도배할 일이 있으면 아들 셋을 보내서 자원봉사해 드리겠습니다.”

지금 생각해 보니 1년 후에 6학년에 들어갈 소년이라면 사는 환경의 영향으로 생각보다 많은 일을 배울 수 있었다. 예전에 시골에 사는 초등학생들이 일상적으로 흔히 어른들을 대신하여 풀을 베서 돼지에게 먹이고 소를 방목하는 일을 하곤 한다고 들었다. 그당시 초등학생들은 농사일이 바쁠 때는 논에 가서 모내기를 하고 농작물을 수확하는 것을 도와야 했다. 지금은 그저 시대가 달라졌을 뿐이다. 지금의 아이들이 휴대폰으로 어른들을 대신하여 결제를 하거나 배달을 부를 수 있다. 또한 어른들을 도와 인터넷 쇼핑, 택시 예약, 정보 검사 등도 할 수 있다. 내가 그 나이에 도배 같은 일을 할 줄 아는 것은 단지 어렸을 때부터 어른들이 어떻게 하는지를 자주 보았기 때문일 뿐이다.

모든 사람의 실천 능력은 실제로 해 보면서 키워지는 것이다. 어린아이도 예외는 아니다.

그날 결국 이웃집 아주머니의 말처럼 아버지가 집에 들어와서 물건을 내려놓고 새 집을 둘러보더니 아주 환한 표정으로 어머니에게 말했다.

"벽 색깔이 우리집이랑 잘 어울리네. 마음에 들어. 이 솜씨는 전문 도배공에 못지않은 수준이야. 음…실은 이사하고 나서 전문 도배공을 불러 도배하는 일을 나 반대하지 않아. 새 집이니까 아름답게 꾸밀 필요가 있지. 그런데…돈이 얼마 들었어?"

어머니는 정중하게 말했다. "한 푼도 쓰지 않았어요. 둘째, 셋째, 넷째가 해 낸 성과예요."

"너희들이?" 아버지가 못 믿는 듯 눈을 휘둥그래졌다.

"맞아요. 아무한테도 도움을 받지 않았어요. 우리가 다 했어요!" 나는 당당하게 대답했다.

아버지는 우리 셋을 앞에 불러 훑어본 뒤에, 갑자기 우리를 모두 껴안고 다정하게 말했다. "너희들 모두 내 착한 아들이구나. 어린 나이에 우리집, 우리 가족 사랑하는 법도 다 알고. 장하다, 장해!"

다음날에 아버지는 이웃들에게 찾아가 감사의 마음을 전하면서 우리 가족과 이웃들 간의 친근한 관계를 한층 더 깊이 다졌다.

그리고 아버지는 유리 액자에 넣은 상장 10개를 가지고 오셨다. 만약 우리 집이 여전히 예전의 그 집이었다면 아버지는 이 상장들을 가지고 오지 않았을 것이다. 왜냐하면 가져와도 걸 곳이 없었기 때문이다. 우리가 미리 아버지에게 새 집이 괜찮다고 말했기 때문에 아버지가 바리바리 싸 온 것이었다. 유리 액자에 넣어진 상장! 그것도 총 열 개라니! 액자 틀은 무겁지 않았지만 유리가 정말 무거웠다. 다섯 개가 한 묶음으로 묶여 있고, 총 두 묶음이 있었다! 그리고 액자 외에 다른 짐도 가지고 와야 됐다. 먼 데다가 차를 몇 번이나 갈아타야 하는 것이고, 거기에 무거운 짐까지 챙겨와야 되는 상황. 얼마나 힘든 귀향길이었을까?

그러나 더 깊이 생각해 보면 아버지의 마음을 이해할 수 있다. 홀로 다른 지방에서 활동하면서 수많은 영예를 받았는데, 그것에 대해 자신의 입으로 이야기하기에 어색하고, 적어도 의심할 여지가 없는 증거물을 보여줄 수 있는 것이다. 이 상장들은 아버지가 모범적인 '대삼선' 노동자라는 것을 충분히 증명해 주며, 자녀들의 마음 속에 존경스러운 아버지의 이미지를 충분히 확립해 줄 수 있는 물품이다. 이 두 가지 바람에 귀향길이 아무리 힘들어도 아버지가 상장 액자를 챙겨올 가치가 있다고 생각하셨을 것이다.

우리 집 안방과 바깥방 사이의 벽에 기대어 긴 탁자가 하나 놓여 있고, 탁자 위에는 큰 거울이 세워져 있었다. 아버지는 그 상장들을 책상 양쪽에 좌우 각각 똑같이 큰 것 세 개, 두 번째 줄에 작은 것 두 개씩 걸었고, 그리고 그동안 말아 놓은 형의 상장들을 압정으로 벽에 걸어 고정시켰다. 그렇게 놓고 보니 거울 양쪽의 벽은 거의 상장으로 가득 채워졌다.

아버지에게 인사하러 집에 오신 이웃 아저씨들이 상장을 보고 모두 아버지를 다시 봤다고 했다. 그리고 사진 액자는 모두 아버지가 직접 만든 것이라는 것을 들었을 때 존경을 표했다. 건설 노동자라면 누구나 못을 박는 등 미세한 목공 작업을 그렇게 잘해 놓을 수 있는 것은 아니었기 때문이다.

아버지는 몇 컬레의 신발도 가져왔다. 이 신발들은 동료들이 버린 작업용 신발이었고, 모두 소가죽으로 만든 것이었다. 아버지는 이 신발들을 주워서 깨끗이 씻고 나서 기워야 할 곳을 일일이 다 수리했다. 어떤 신발은 짝이 없었는데 아버지가 다른 신발과 맞추어 두 신발을 짝으로 만들었다. 물론 색상이 약간 다르고 사이즈도 동일하지 못했다.

아버지 말로는 '대삼선' 노동자가 가장 많이 사용하는 것은 신발과 장갑이기 때문에 직장에서 매년 고무신을 제공해 주지 않고, 2년에 한 번씩 소가죽 신발 한 켤레만 제공해 줬다. 이렇게 해서 노동보험 경비도 줄일 수 있었다.

어머니가 아버지 신발을 수리하는 일을 보고 물었다. "우리 아이들이 아직 다 어린데, 당신 가져온 신발을 신을 수 있겠어요?"

아버지는 불쾌해하며 말했다. "힘들게 가져온 것인데, 왜 칭찬해 주지 않고 책망을 해? 애들이 키가 계속 크잖아? 키가 크면 발도 커지는 것이 아니야?"

어머니는 더 이상 아무 말 않고 묵묵히 그 신발들을 상자에 넣었다.

그러나 한 가지 일로 어머니가 아버지를 '괄목상대'했다. 아버지가 신발을 가지고 온 것뿐만 아니라, 우리 다섯 자녀에게 각각 면실로 짠 조끼도 가져왔다. 모두 아버지가 직접 짠 것이었다!

어머니는 아버지가 뜨개질을 배워서 뜨개질을 하리라곤 상상도 못했다. 뜨개질을 할 줄 모르는 어머니는 조끼를 보고 부끄럽다고 했다.

아버지는 조끼를 짜기 위해서 먼저 공사장 여기저기에서 낡고 헤진 작업용 안전 장갑을 주워야 했다. 충분한 양을 주우면 한번 깨끗이 세탁하고 면실을 뜯고서 하나 하나 이어붙인 후 다시 물감으로 염색한 후에야 뜨개질을 시작할 수 있다. 어쨌든 조끼 하나를 짜는 과정은 상당히 번거로웠다. 아버지는 시력이 좋지 않았고, 돋보기를 착용해도 별로 도움이 되지 않았다. 그렇기 때문에 조끼 위에 매듭이 조금 튄 느낌을 줬다. 이 한 가지만을 제외하면 다른 문제가 전혀 없었다. 스타일에 대해서 더 말할 필요가 없었다. 어느 집의 어린 자녀들이 아버지가 직접 짜 준 조끼를 가지고 스타일이 안 좋다 어떻다라고 하면서 까다롭게 따지겠는가? 조끼 하나만으로도 충분히 아버지에게 감동을 받았을 것이다.

이웃집 아주머니들은 아버지가 조끼를 만들어 준다는 얘기를 듣고 모두 우리 집으로 찾아왔다. 그리고 한결같이 우리 아버지가 인내심이 있고 자녀들에게 베푸는 사랑이 정말 남다르고 돈독하다고 칭찬했다.

그랬더니 이웃집 어떤 아저씨가 농담으로 이렇게 말했다. "량梁 형님, 형님 일부러 우리 몇 집 아빠들한테 '눈가리개를 씌우는 것' 작전했죠?"[6]

•

6 눈 가리개를 씌우다戴眼罩은 중국 동북 지역 사투리이다. 일부러 사람을 궁지에 빠뜨리는 것을 가리킨다.(엮은이 주)

아버지는 어린 아이처럼 쑥스러워하며 말했다. "절대 아니에요, 제가 감히 그랬겠어요!"

어머니도 옆에서 아저씨의 말에 덧붙여서 말했다. "아주 주된 목적은 나한테 눈가리개를 씌우는 것일 걸요."

아버지는 더욱 쑥스러워하며 어머니를 '나무랐다'. "당신이 그렇게 생각하면 진짜 너무 소심한 것 아니야?"

어머니와 이웃집 아저씨들은 모두 웃음을 참지 못하고 빵터졌다.

새 집이 생기고 나서 아버지는 기분이 매우 좋아졌다. 집에 돌아오는 대부분의 시간에 하루종일 환한 얼굴을 우리와 함께 지냈으며, 우리가 기억한 엄한 아버지의 인상과는 전혀 딴판이었다.

어느 날, 아버지가 거리를 거닐다가 돌아왔는데, 집에 들어서자마자 나와 셋째 동생이 집에 있는 것을 보고 말했다. "너희 둘 아직 집에 있는 줄 몰랐네. 빨리 문두에 걸려 있는 밧줄을 가지고 나를 따라 와!"

어머니는 궁금해서 물었다. "금방 왔는데 또 어디로 가는 거예요? 그리고 둘 데리고 급하게 뭐 하러 가요?"

아버지는 "좋은 일이야. 한발 늦으면 후회한다."라고 답하면서 나갔다. 알고 보니 원예공들이 도로가에서 무궤도 전차 운행에 방해할 수 있는 버드나무 몇 그루를 베었는데 나뭇가지를 토막 토막으로 잘라 차에 실어 나른 후라 그 주변에 자잘한 나뭇가지가 흩어져 있었다. 아버지가 미리 원예공들의 허락을 받고 나와 셋째 동생보고 흩어져 있는 나뭇가지를 한데 모아 끈으로 묶으라고 했다.

우리 부자 세 사람은 각각 한 묶음씩, 굵기가 각기 다른 버드나무 가지 세 묶음을 집으로 가져왔다. 집 뒷마당에는 십여 제곱미터의 공터가 있는데, 아버지는 나와 셋째 동생에게 버드나무 가지로 울타리를 엮는 것을 가르쳐 주면서 혹여 비가 한바탕 내리면 일부 버드나무 가지가 아마도 살아날 수 있을 것이라고 했다.

그 다음날에 과연 폭우가 한바탕 내렸다. 며칠 후에 버드나무 가지의 절반 정도가 새싹이 돋아났다. 그때부터 우리 집에 뒷동산이 생겼고, 정원을 둘러싼 버드나무 울타리는 푸른 잎이 빽빽이 드리워져 있어 매우 아름다웠다.

진정한 정원을 만들기 위해 나는 어디선가 나무 두 그루를 집으로 옮기고 싶었다.

셋째 동생은 집 근처에 있는 통다通達초등학교에 다니고 있었는데 어느 날 방과후 나에게 이렇게 말했다. 초등학교 맞은편에 있는 '요양원'이 확장 공사하는 중인데 벽돌로 쌓은 그 높은 담장이 철거되었고, 앞으로 학교에 갈 때 부디 마스크를 착용하라고 선생님이 그렇게 요구했다는 것이다.

위에서 언급한 '요양원'은 '간부幹部결핵요양원'의 줄임말이다. 한 시기에 하얼빈에서 폐결핵이 유행한 적이 있었고, 어른들은 그곳을 얘기하면 모두 약간 두려워하는 표정을 짓곤 했다. 그러나 요양원 주변에는 나무가 가장 많이 자라고 있었다.

나는 꼼꼼히 생각하지 않았고 삽을 메고 바로 집을 나섰다.

'요양원' 마당에는 트럭이 드나들었다. 벽돌과 모래를 안으로 운반하거나 철거된 물건을 밖으로 싣고 나가고 있었다. 미처 운반되지 않은 벽돌과 기와 조각들이 나무 사이에 쌓여 있었고 작은 묘목

들이 눌려서 쓰러졌다. 그 모습을 보며 내 마음이 아팠다.

그 와중에 아버지가 지난번에 베인 버드나무 가지를 줍는 것도 반드시 관리자의 허락을 받은 후에야 줍기 시작했다는 것을 생각나서 나는 '요양원' 아저씨에게도 물었다. 눌려서 쓰러진 작은 나무 두 그루를 가지고 가도 되는지를.

아저씨가 예의 바른 나를 보고 흔쾌히 말했다. "물론이지. 안 될 리가 있겠어?"

벽돌과 기와를 치우고 쓰러져 있는 작은 묘목 뿌리를 파려고 하는 나를 보고 아저씨가 말했다. "얘야, 바보짓 하지 마. 내가 동의까지 해 줬으니 쓰러진 나무 말고 서 있는 거 두 그루만 파서 갖고 가. 어차피 그거 다 큰 나무 밑에 있어서 파내지 않아도 제대로 크지 않을 거야."

이 말을 듣자 나는 너무 기뻐서 온몸에 힘이 날 것 같았다. 얼마 지나지 않아 나는 곧게 자란 묘목 두 그루를 파냈다. 뿌리 부분의 수분을 유지하기 위해 뿌리에 묻은 흙을 제거하지 않았다.

작은 묘목 두 그루, 아니, 엄밀히 말하면 이미 작은 나무라고 할 수 있는 이 두 그루 나무의 무게는 대략 30여 근 정도였다. 나는 한 손에 나무를 들고 다른 한 손에 삽을 들고 와야 해서 집에 도착할 때 온몸이 땀범벅이고 옷이 다 흠뻑 젖었다.

어머니는 이 나무들이 요양원에서 갖고 온 것이라는 말을 듣자 놀라서 그런 곳에 가지 말았어야 한다고 나를 훈계했다.

그러나 아버지는 말했다. "이미 집까지 갖고 왔고, 애가 그렇게 힘들게 해 온 것이니, 더 이상 뭐라 하지 마라. 중요한 건 거기 사람들의 허락을 받고 해 온 거 맞지? 허락 없으면, 그건 도둑질인 걸 알지?"

나는 상황을 설명한 후 아버지는 곧바로 나를 칭찬했다. "그렇게 해야지. 그게 맞는 일이야."

아버지는 나를 도와 작은 나무 두 그루를 뒷마당에 심었다.

나는 물을 길어 작은 나무 두 그루에 제때 수분을 보충해 주려고 했다. 그런데 한 번에 물을 가져다 주지 못해서 물 반 양동이 정도만 가져다 줄 수 있었다.

아버지가 이를 보며 말했다. "너 하지 마. 내가 가서 할게. 먼저 집에 들어가서 좀 쉬어라. 아무데도 가지 마라."

그리고 나무에 물을 주고 나서 아버지는 대야를 밖에 놔두고 물 반 양동이를 밖으로 들고 오셨다. 그리고 한 바가지 한 바가지씩 내 머리에 물을 퍼부으면서 나보고 비누칠을 많이 하고 머리와 얼굴을 쓱쓱 문지르라고 했다. 끝나고 아버지가 내 몸을 닦아 주기도 했다. 분명히 내가 '요양원'에 다녀온 것에 대해 아버지도 역시 마음속으로 염려하고 있었던 것이다.

그러나 내가 그렇게 한 것은 아름다운 삶에 대한 동경에서 비롯된 것이었다. 28제곱미터로 된 집에 벽이 반듯하고 문도 기울지 않고, 방 바닥이 침하되지 않고, 창문과 유리가 온전하게 갖추어 있었다. 거기에다 작은 뒷마당에 정원이 있고, 정원에는 될성푸른 나무 두 그루가 자라고 있었다. 이 정도면 내 어릴 때의 소망이 거의 이루어졌던 것 같았다.

한편, 학업에 있어 나는 특별히 열심히 공부하는 초등학생은 아니었다. 작문만 가끔 높은 점수를 받는 것 외에 전반적인 성적은 줄곧 중위권에 있었으며, 몇 번은 성적이 하위권까지 떨어졌다. 나는 종종 우리 네 형제 중에 형 한 명만 공부 잘하면 충분하지 않을까 생각했다. 나 자신은 원대한 이상과 포부를 품어 본 적도 없고, 나중에 혹여 공작기계 기술자가 될 수 있다면 나에게 그것이야말로 큰 행운이라고 생각했다. 공작기계 기술자는 작업 현장에서 기계를 조종하고 반기계화 노동을 하는 그런 종류의 근로자를 가리킨다. 공작기계 기술자가 못 되면, 전기 기술자가 되는 것도 나에게 아주 괜찮을 것이고, 다만 그 부류의 근로자가 되려면 기술 학교에 반드시 합격해야 했다. 하얼빈에는 당시에 '전력기계학교', 줄여서 '하전기'라는 학교가 있었는데 그 학교를 졸업한 학생들이 기본적으로 대기업, 또는 비교적 대형 공기업에 취직할 수 있었다. 견습공이 될 필요도 없고 졸업하고 나서 바로 기업에 들어가서 일급 기술자로 매월 32위안의 월급을 받을 수 있었다. '하전기'는 하얼빈 기술 학교 중에서 명문학교 축에 들었다. 일반 근로자 가정의 중학교 자녀들에게 '하전기'는 그들의 '용문龍門', 즉 출세하는 길이었다. 그때 나는 꾸준히 노력했지만 결국 시험에 붙지 못한다면 그것 때문에 내 인생이 희망이 없고 엉망진창이라고 생각하지는 않았다. 아버지처럼 건축 노동자가 되어서 일하는 것이 창피한 일이라고 생각하지도 않았다. 왜냐하면 우리 아버지가 꽤 사람들의 존경을 받아왔기 때문이다.

내가 인정해야 하는 부분은 나는 확실히 학업에 대해 그다지 신경 써서 노력하지 않았다는 점이다. 나는 중학교 3학년 때부터 열심히 공부하기만 하면 무조건 '하전기'에 합격하는 데 크게 문제가 없을 것이라는 나만의 자신을 갖고 있었기 때문이었다. 공부보다 나는 우리 가족을 위해서 내가 할 수 있는 일에 최선을 다하고, 그렇게 함으로써 멀리 서북에서 일하는 아버지에게 근심 걱정을 덜어 드리고, 우리들을 위해 수고가 많은 어머니에게 고생을 덜하게 하고 싶었다. 장남인 형이 나 몰라라 공부에만 몰두하고 있으니 형을 대신하여 나는 우리 가정을 위해 장남 노릇을 해야 된다고 그 당시에 나는 그렇게 생각했다.

한편, 그때 아버지가 민망한 일을 한 적 있다. 어느 날 아버지가 직장 동료의 가족의 병문안을 다녀와서 손에 가루 같은 것 두 봉지를 가지고 오셨다. 길에서 누가 그것을 파는데 충동구매로 두 봉지를 사오신 것이다. 판매자의 말에 의하면 봉지 안에 들어가 있는 것은 탄산음료를 만드는 원재료이고, 한 봉지의 양으로 탄산음료 반 통을 만들 수 있다고 한다. 만드는 방법도 아주 쉽다고 했다. 물에 뿌려서 거품이 나면 바로 마실 수 있다고 했다. 그리고 만들어진 음료 맛은 탄산음료와 똑같다고 했다.

그때 마침 며칠 동안 날씨가 계속 더웠다. 아버지가 나에게 물을 받아오라고 시키시면서 금방 떠 온 물로 만들어야 시원하다고 말했다. 아버지가 이웃들에게 더위를 식혀 준다고 '시원한 탄산음료'를 한 잔씩 쏘겠다고 했다.

아버지가 그렇게 신난 것, 그리고 고집을 부리는 것을 본 나는 아버지의 명령을 어기기가 애매하다고 생각해서 금방 물을 가지고 왔다. 봉지 안에 들어 있던 것을 물에 뿌리자 과연 즉시 거품이 보글보글 올라오기 시작했다. 아버지는 큰 그릇으로 한 그릇을 떠서 한 모금을 마셔 봤는데 입맛을 다시더니 맛이 이상하다고 했다. 나도 한 모금을 마셔 봤는데, 입안에 약간 달콤한 맛이 느껴졌지만 그 맛은 금방 씁쓸한 맛으로 변해 버렸다.

그때 마침 야근하러 나가려는 아저씨가 우리집 앞을 지나는데, 그는 남은 봉지를 자세히 보고, 손가락으로 흰 가루를 살짝 묻혀 핥더니 바로 뱉으면서 말했다. "사카린입니다. 근데 물 반 통에 거품이 바로 나도록 하는 것이 무엇인지 저도 잘 모르겠습니다. 량 형님, 형님의 마음은 우리가 모두 받겠지만 이런 탄산음료는 절대 마시면 안 됩니다. 중독을 일으킬 수도 있는데, 잘못 마시면 큰일나니까 량 형님도 그 책임을 질 수 없을 겁니다."

아저씨가 엄숙한 어조로 하는 이 말을 들은 아버지가 얼굴이 목까지 붉어지며 연거푸 고개를 끄덕였다. "맞습니다. 제가 생각이 짧았습니다. 동생 말이 옳습니다."

어머니도 서성거리며 아버지를 나무랐다. "어때요? 창피했죠? 늘 전국 곳곳 여기저기를 돌아다녔다고 견문이 넓다고 잘난 척했는데, 어찌 다른 사람 몇 마디에 속아 넘어갔어요? 앞으로 매사에 사실에 근거해서 평가해야 하고, 정확하지 않은 일에 대해 많이 물어보고 할지 안 할지를 결정해야 해요!"

아버지는 얼굴을 붉히며 우리에게 "너희 어머니의 말을 명심해라."라고 말했다.

"아들들에게 말한 것이 아니에요. 당신에게 말한 말이에요!" 어머니가 덧붙여 말했다.

아버지는 잘못을 인정할 수밖에 없었다. "당신의 지적을 기꺼이 받겠어…음 그런데, 이 물은 당신 빨래하는 데 써 볼래?"

"나는 그 물로 뭐 씻고 싶지 않아요. 내 말 들어요. 그냥 마당에 쏟아 버리고 바닥을 좀 적시게 해요." 어머니가 물을 버리자고 했다.

결국 아버지는 어머니의 말에 따라 물을 바닥에 뿌렸다.

그 일은 훗날 한 동안 이웃 어른들 사이에서 웃음거리가 되었다. 그리고 "량 형님"이라고 불리는 우리 아버지는 우스운 이야기 속에 존경을 받는 사람에서 귀여운 사람으로 변했다. 흔히 우리가 이런 종류의 귀여움을 '대쪽 같은 성질'이라고 표현한다.

내가 보기에 더 '귀여운' 사람은 우리 이웃집 아저씨들과 아주머니들이었다. 그들은 모두 곧은 사람이라 남의 말을 쉽게 믿을 수 있지만 일단 믿음이 틀렸다는 것을 깨닫게 되면, 잘못을 바로잡고 표현을 하고, 표현하는 방식이 매우 솔직하고 직설적이었다. 빙빙 돌려서 말하는 것은 그들이 선호하는 방식이 아니며, 잘못을 덮어 감추는 행위는 그들에게 부끄러워해야 하는 일이었다. 무엇보다도 그들은 모두 너무 정답고 상냥했다.

가만 돌이켜 보면 나는 참 운이 좋았다. 착한 이웃들 사이에서 자랐으니 지금 성인이 된 후에도 나는 줄곧 '타인은 지옥이다'라는 주장은 수긍하지 못한다.

아버지의 12일간의 가족 방문 휴가가 곧 끝나갔다. 떠나기 전날 아버지가 나와 형을 불러서 진지하게 말했다. "겨울이 되면 집은 여전히 추울 거야. 비록 안방에 난로가 만들어졌지만 그것만으로는 별로 따뜻하지 않을 거야. 그리고 안방에서 연탄을 태우면 재가 지금보다 더 많이 날 거고, 아무래도 내가 집 떠난 후 너희 둘은 흙벽돌을 좀더 들고 와서 겨울 오기 전에 온돌 하나를 더 쌓아야 될 것 같아. 흙벽돌은 많이 필요하지 않아. 한 백 개 정도면 충분하지 않을까 싶다. 어떻게 쌓아야 하는지는 내가 설계도를 다 그려 놨어. 이번에 해 보고 경험이 쌓으면 내년에 두 번째 온돌을 바로 쌓을 수 있을 거다. 양쪽을 다 온돌로 하면 겨울에 추위를 겪지 않아도 돼. 그리고 지금 있는 난로는 철거해. 그러면 방도 깨끗해지고 공간도 더 넓어져. 첫째하고 둘째, 너희 둘 이 일을 잘 할 수 있겠지?"

나는 "할 수 있습니다!"라고 바로 대답했다.

그러나 형은 아무 말도 안 했다.

아버지는 형에게 물었다. "첫째는 왜 대답 없어?"

형은 말하려다 말았고, 고개를 숙였다.

어머니는 바깥방에서 요리하고 있었는데, 큰 소리로 형을 대신해서 대답했다. "큰애는 내년에 고3인데, 선생님은 그가 틀림없이 대학교에 합격할 수 있을 것이라고 생각하고 있대요. 지금 당신 말한 그런 일을 할 정신이 있겠어요?"

아버지는 형을 잠시 가만히 보고 있다가 벌떡 일어나서 바깥방으로 갔다.

나와 형은 아버지가 바깥방에서 어머니에게 묻는 말을 들었다. "선생님이 어떻게 생각하든 그건 다른 문제고, 당신이 이 일에 대해 어떻게 생각하는지는 또 다른 문제야. 당신은 어떻게 생각해?"

"애가 공부를 잘하는데, 우리가 부모로서 애가 대학교에 가는 것을 밀어줘야 되지 않겠어요?" 어머니는 이렇게 대답했다.

그러나 아버지는 "밀어주냐 마냐는 한 가지 문제이고, 등록금을 대 줄 수 있는지는 또 다른 문제잖아. 현재 우리 집 형편으로 등록금을 감당할 수 있겠어?"라고 물었다.

"저도 매월 17, 8위안을 벌어올 수 있잖아요." 어머니가 아버지를 설득하려고 노력했다.

그랬더니 아버지가 이렇게 말했다. "당신 그 17, 8위안을 버는 일은 말도 마라! 바로 당신이 수입이 있기 때문에 나는 반장으로서 매번 월급이 인상될 때 다른 직원에게 양보해야 하는 걸 알아? 당신 하고 있는 일을 오래 할 수 있어? 당신 눈이 지금 하고 있는 일 때문에 망가졌잖아? 그리고, 우리한테 자녀가 첫째 아들 하나뿐이야? 막내딸은 2년 후에 학교에 가야 할 텐데, 그때 우리 둘의 힘으로 다섯 자녀를 학교에 보내야 하는데…당신 이런 현실에 대해 생각해 본 적 있어?" 아버지의 언성이 점점 높아지고 화가 나는 것 같았다.

"저한테 소리치지 마세요. 밥 하고 있는 거 안 보여요?" 어머니도 불쾌한 말투로 대답을 했다.

"쾅!" 문 닫는 소리가 들렸다. 아버지가 문을 내팽개치고 나간 모양이었다.

형은 울 뻔했다.

아버지의 가족 방문 휴가가 끝나기 전 마지막 이틀 동안, 집안은 불쾌한 분위기에 휩싸였다. 우리 남매들은 모두 말과 행동을 각별히 조심하고 있었고, 괜히 무엇이라도 잘못 말하면 아버지가 화난 기분으로 대서북으로 돌아갈까 봐 염려했다.

천 씨 아주머니와의 이별

08

여름 방학이 곧 끝나고 나는 6학년 초등학생이 되었다.

개강한 지 얼마되지 않아 천 씨 아주머니의 아들인 정쯔가 우리 집에 찾아왔다. 당시 나는 집에 없었다. 셋째 동생의 말에 의하면 정쯔형은 문에 들어서자마자 울었고, 정쯔형을 떠나 보낸 뒤에 어머니도 울었다.

나는 어머니에게 무슨 일이 있냐고 물었다.

어머니는 슬피 말했다. "천 씨 아주머니가 병이 났는데, 아마 병세가 나아지기 어려울 것 같아. 일요일에 엄마가 천 씨 아주머니 한 번 보러 가야 할 것 같아."

나는 "아마 나아지기 어렵다"라는 말이 무슨 뜻인지 잘 알고 있었고, 그래서 나도 마음이 몹시 아팠다.

나는 어머니에게 "엄마, 갈 때 저도 같이 가게 해 주세요, 응?"라고 허락을 구했다.

어머니는 말없이 고개를 끄덕이며 동의했다.

그날 밤에 형도 이 일을 알고 꼭 함께 가겠다고 했다.

일요일 오전에 어머니와 형과 나는 함께 천 씨 아주머니를 보러 갔고, 셋째 동생, 넷째 동생은 집에 남아서 막내 여동생을 돌보기로 했다.

가는 길에 한 가게를 지나갈 때 어머니는 형에게 말했다. "과자 사지 마라. 아주머니는 이미 음식 삼키기가 어렵대. 과일 통조림 몇 개 사는 게 좋겠네. 국물 많은 것으로 사."

형은 통조림 세 개를 샀다.

침대에 누워 있던 천 씨 아주머니는 우리를 보자마자 앉으려 했지만 몸을 가눌 기력이 없어서 결국 정쯔와 정쯔 둘째 누나의 도움으로 겨우 몸을 세워 앉았다. 아주머니는 이미 뼈만 남은 모습이었고, 입 안에는 이가 하나도 없고 틀니도 끼지 않았다. 수친淑琴누나 말에 의하면 아주머니가 이제 틀니도 끼고 싶지 않아 한다고 했다. 왜냐하면 기침을 많이 하기 때문에 기침을 하면 틀니가 빠져나오기 쉽기 때문이었다. 입안에 틀니가 없어지자 아주머니의 입술은 안으로 말려 들어가면서 팔자 주름이 깊어졌다.

아주머니가 일어나서 입술을 살짝 벌렸다.

"아주머니가 너희들을 보고 기뻐서 웃고 계셔. 빨리 와서 인사해." 어머니가 우리에게 말했다.

나와 형은 동시에 일어서서 아주머니에게 정중하게 인사했다.

정쯔형은 침대 옆에 의자를 놓고 어머니를 앉혔다. 어머니가 앉은 후 수친누나는 정쯔형에게 눈짓해서 두 남매는 방에서 나갔다. 아주머니와 우리 어머니가 편하게 이야기를 나눌 수 있도록 시간을 주기 위한 것이었다.

형은 정쯔형 대신 침대 옆에 앉아서 아주머니가 쓰러지지 않도록 부축했다. 어머니는 두 손으로 아주머니의 한 손을 잡았다.

아주머니는 힘들게 말문을 열었다. "우리 집은 하얼빈에서 친척 한 명도 없는데, 샤오성 어머니 집도 마찬가지죠?"

"맞아요."

"우리 두 집은 이웃으로 십여 년 동안 한 번도 다툰 적이 없잖아요. 그리고 우리 둘이 이렇게 친하게 지내고 있는데, 죽기 전에 나 샤오성 어머니 한 번도 못 만나면 진짜 너무 억울할 것 같았어요."

어머니는 이 말을 듣자 "형님, 그런 불길한 애기하지 마세요. 우리 다른 애기를 해요."라고 했어요.

"그래요, 우리 다른 애기해요. 난 이 나이에 이런 집에 살 수 있어서 진심 만족스러워요. 그런데…이런 행복한 삶을 막 시작했는데, 어찌 내가 치료할 수 없는 병에 걸려 가지고…진짜 상상도 못했어요." 천 씨 아주머니의 눈에는 눈물이 맺혔다.

"음…제가 통조림 국물이라도 좀 드릴까요? 배, 복숭아, 산사자 통조림이 있는데 어떤 거 드실래요?" 어머니는 화제를 돌리려고 했다. 그러나 결국 눈물을 참다 못해 질금질금 흘렸다.

어머니가 다른 사람의 어머니에게 위로의 말을 하려고 했는데 말 못하는 모습을 보면서 내 마음이 편치 않았다. 하물며 이 '다른 사람'은 바로 나와 친형제처럼 지낸 정쯔형이다! 정쯔형이 얼마 후에 어머니를 잃을 수 있다는 것을 생각하니 마음이 너무나 아팠다.

그때 나는 문득 이러한 생각이 들었다. 천 씨 아주머니를 안고 뽀뽀를 해주고 싶은 것!

실제로 나는 생각대로 행동했다. 아주머니에게 뽀뽀해 주고 나서 나는 바로 뛰쳐나갔다. 그때 계속 방에 남아 있으면 울음이 바로 터질 것 같았기 때문이었다.

나는 창문 한쪽에 서서 방 안을 바라보았다. 어머니가 천 씨 아주머니에게 통조림 국물을 한 숟가락 한 숟가락 먹이는 것을 보면서 나도 모르게 눈물을 펑펑 쏟았다.

보름 후, 학교 가는 길에 정쯔형을 만났다. 그때 그는 팔에 검은 상장喪章을 두르고 있었다. 나는 어떤 말을 해야 할지 몰라서 그저 정쯔형을 멍하니 바라보았다.

정쯔형이 먼저 말을 꺼냈다. 그가 일자리를 찾았는데 두부 공장에서 두부를 만드는 일이라고 했다.

형과 작별 인사하고 몇 걸음 걸었더니, 형은 나를 불러 두부 배급표 몇 장을 건네주면서 내 뒤통수를 살살 쓰다듬었다.

40여년이 지난 후에 나는『인세간人世間』이라는 작품을 썼는데, 그 때 천 씨 아주머니의 모습이 여러번 내 눈앞에 떠올랐다. 그리고 천 씨 아주머니의 일생을 바탕으로『인세간』의 한 캐릭터인 정쥐안鄭娟 어머니가 구성됐다.

내가 상을 타다

09

몇 푼짜리 공책과 상장 한 개! 그 당시에 상장은 모두 특제 종이로 만들었다. 크기가 각기 다르고, 액자에 넣을지 않을지는 수상자가 결정할 수 있었다. 내가 받은 상장의 크기는 교과서 크기와 별로 다르지 않았고, 상장과 공책 위에 모두 '안광安廣초등학교 기자협회'라는 도장이 찍혀 있었다. 안광초등학교에는 소년선봉대少年先鋒隊 대대大隊 보도원 선생님이 계셨는데, 그 선생님은 특별히 자신의 일에 열중하며 '기자협회'를 설립했다. 이 협회는 소년선봉대에 속한 부서이므로 원칙적으로 소년선봉대 대원만을 모집할 수 있는 것이었다. 나는 5학년 때 협회에 가입했지만, 그때 나는 아직 소년선봉대 대원이 아니었기 때문에 원칙적으로는 '기자협회'에 가입할 자격이 없었다. 대대 보도원 선생님은 내 글쓰기 실력이 꽤 괜찮다는 것을 알게 돼서 직접 나를 만나러 와서 나와 이야기를 나눈 후에 소년선봉대에 가입 신청서를 써 보라고 하셨다. 그때 나는 이미 '땡땡이'가 아니고, 학업 성적도 많이 향상됐으며 어느 정도 성취감을 갖게 됐다. 그래서 나는 신청서를 내고 얼마 후에 바로 선생님으로부터 기자 가입 승인을 받았다. 한 번 협회에서 기자 모임 회의를 할 때 선생님께서 특별히 다른 기자들에게 내가 소년선봉대 대원이 아니라는 이유로 나를 차별하면 안 된다고 주의를 줬다.

협회에 속한 기자들은 혼자 인터뷰하지 않고, 최소 세 명이 한 팀을 이루어 활동을 해야 했다. 어디서 누구를 인터뷰할지, 어떤 사건에 대해 인터뷰할지, 누구를 만날지는 모두 대대 보도원 선생님이 미리 연락을 해 놓은 것이고, 때로는 선생님이 직접 팀을 인솔하기도 했다. 나는 매번 인터뷰에 참여했고, 인터뷰 활동을 꽤 중요하게 생각했다. 나는 보도원 선생님이 나에게 준 '특별 승인' 그 선의를 저버리고 싶지 않았기 때문이었다. 그리고 보도원 선생님의 '특별 승인'으로 반 친구들이 나에게 더 관심을 쏟는 듯한 느낌이 들어서 더욱 열심히 하려고 했다. 그러나 처음에 나는 단 한 번도 인터뷰 기사를 쓴 적이 없었다. 세 사람으로 구성된 단체 인터뷰에서 내가 쓸 기회가 없었기 때문이었다. 멤버들이 서로 기사를 쓰려고 경쟁하며, 때로는 쓸 기회를 놓친다고 울기까지 했다. 나는 다툴 자격이 없다고 생각해서 멤버들과 경쟁한 적이 없었다. 설사 나에게 경쟁할 자격이 주어진다 하더라도 나는 결코 경쟁하지 않았을 것이다. 왜냐하면 나는 내가 쓰고 싶은 내용만을 다루고 싶고, 내 자신이 좋아하는 방식대로 쓰고 싶기 때문이었다. 나는 서로 경쟁하면서 써진 '모모 학우가 집필' 같은 유형의 취재 내용이 너무 대동소이하다고 여겼었다.

당시 하얼빈에는 '아동영화관'이라는 데가 있었는데 그곳은 어린이와 청소년을 위한 영화관이었기 때문에 표 값이 매우 저렴했다. 한번은 우리 전교 교직원과 학생들이 영화를 보러 아동영화관에 갔는데, 한 학생이 갑자기 큰 소리로 나에게 말했다. "량사오성梁紹生(나의 본명), 봐봐, 여기 너하고 동명이인이 있네!"

정말로 한 커다란 게시판에 내가 쓴 소설 내용이 담겨 있는 '작품'이 거기에 쓰여 있었다. 그 내용은 초등학교 남학생 몇 명이 책상과 의자를 수리하는 일에 관한 것이었다. 문장 전체가 의인법을 사용했다. 예컨대, 못이 느슨해진 의자가 학생들에 의해 앉게 될 때 '고통스러운 신음을 냈다', 그 의자가 학생들에 의해 고쳐지면 서로 감사의 말을 건네는데, 그 대화가 창밖의 나무 위에 앉아 있는 까치에게 들렸다는 등이다.

그 게시판 너비가 한 1미터 반, 길이가 약 2미터 반으로 되어 있고, 분필로 쓰는 칠판이 아니라 백지로 도배한 게시판이었다. 백지에 빨간색 격자가 그려져 있었고, 마치 원고지 한 페이지가 확대된 느낌이었다. 글자는 붓으로 쓴 작은 해서체 글자였다.

나는 잠시 게시판 내용을 보고, 그것이 바로 나의 '작품'인 것을 확인한 후에 학생들에게 자신있게 말했다. "동명이인이 아니야. 그 위에 적힌 이름은 바로 나야."

"너라고? 다시 말해 봐. "

그 친구는 크게 놀란 말투로 말해서 더 많은 학생들의 주목을 끌었다. 순식간에 나는 비웃음의 소용돌이에 휘말리게 되었다.

그때 보도원 선생님이 나타났다.

선생님이 내가 말한 것이 사실인 것을 증명해 주었다. 그리고 그 말에 다른 선생님들의 주목도 끌었다.

실은 내가 미리 쓴 '작품'을 보도원 선생님께 보여드렸는데 선생님이 좋은 글이라며 원고를 받으셨다. 선생님이 원고를 영화관에 추천해서 그날 내 작품이 아동영화관 게시판에 올라가게 된 것이 분명했다. 그리고 앞서 말한 상을 받는 것도 나는 한번도 내가 '집필'한 것에 대해서 인터뷰를 해 본 적이 없는데, 상장과 상품을 받을 수 있는 것도 분명히 내 글이 영화관에 게시된 일과 관련이 있었을 것이다. 시상식은 아동영화관에서 열렸는데 영화가 상영되기 전에 교감 선생님이 상을 수여하셨다. 시상식을 성대하게 하는 것을 봐서 그때 분명히 학교에서 기자협회 활동을 매우 중요시한다는 것을 알 수 있었다. 후에 다른 학생들에게서 들은 바에 의하면 원래 수상식은 그렇게 격식을 갖춰 성대하게 하려는 것이 아니었지만 내 작품이 아동영화관에 게시되었기 때문에 아동영화관에서 시상하는 것으로 바뀌었다고 한다. 나는 처음으로 전교 교사와 학생들이 지켜보는 가운데 연단에 올라가서 상을 받았는데 마음속이 희열로 벅차올랐다.

그 후에 나는 보도원 선생님께 찾아가서 감사의 말씀을 드리고 싶었지만 그럴 기회가 없었다. 어느 날 보도원 선생님이 나를 불렀다. 그리고 얼마 후에 선생님이 다른 곳으로 전근 발령을 받았다는 소식을 전해 들었다.

나는 그때 무슨 말을 하면 좋을지 몰랐다.

"하루 빨리 소년선봉대에 들어갈 수 있도록 노력해야 돼……"

선생님이 다른 말도 해 주셨지만, 나는 결국 위의 그 한 마디만 기억했다. 나는 여전히 무슨 말을 해야 할지 몰랐고, 머릿속에 생각해 놓았던 말들이 전혀 생각나지 않았고 그저 고개만을 끄덕일 뿐이었다. 그 이후로 다시 선생님을 만난 적이 없다.

학기 막바지에 접어들 때 나는 마침내 소년선봉대에 들어갈 수 있었다. 6학년 상반기에야 소년선봉대에 들어가는 것은 많이 늦은 편이었다. 반 전체에 몇 명의 학생만 빼고 모두 소년선봉대에 가입한 상태였다. 그리고 남은 그 몇 명 학생들도 초등학교 졸업 전에 모두 들어갈 수 있었다. 나는 내 자신이 마지막에 가입한 학생이 아니라는 것이 다행스럽다고 여기며 자존심을 지켰다고 생각했다. '땡땡이'에게 그 자존심을 지키는 일은 매우 중요하기 때문이었다.

한편, 우리는 집에 한쪽의 널빤지를 뜯어 온돌을 만들었다. 그것은 내가 해낸 공적이 아니라 형의 수고가 제일 많았다. 진흙을 이기는 일은 여간 힘든 것이 아니었다. 흙이 잘 섞이지 않으면 만든 벽돌은 쉽게 갈라질 수 있었다. 나는 셋째 동생, 넷째 동생과 함께 황토만을 준비해 놓을 뿐이었다. 어느 일요일에 집에 형의 학우들이 몇 명 와서 반나절 동안 백여 개의 벽돌을 만들어냈는데 나와 셋째 동생, 넷째 동생이 끼어들 필요가 전혀 없었다. 온돌도 기본적으로 형이 아버지가 그려준 그 설계도에 따라 쌓았다. 셋째 동생과 넷째 동생이 벽돌을 옮기는 일을 맡았고, 나는 형을 도와 보조 역할만 했다.

그 해 겨울에 우리집은 따뜻해져서 벽에 더 이상 서리가 끼지 않았다. 방 안에 있던 난로를 철거하니 공간이 더 넓어지고 훨씬 깨끗해졌다.

이듬해 초여름에 졸업을 앞두었을 무렵이었다.

사이가 좋은 학생들끼리는 기념품을 주고받기 시작했다. 그 당시에 초등학생들 간에 서로 증정한 기념품은 기본적으로 우정 카드였는데 그것은 훗날의 연하장과 비슷한 것이었다. 한 장에 몇 푼 정도 하지만 열 몇 장을 사면 그것도 돈이 꽤 든 것이었다. 그 돈으로 맛있는 장아찌 한 근을 사서 온 가족이 몇 끼 반찬으로 먹을 수 있었다. 나는 그런 기념품을 산다고 어머니에게 손을 벌리는 용기가 없었다. 게다가 형은 대학생이 될 수도 있으니 어머니는 형 등록금 때문에 돈을 더 열심히 모아야 하는 이유로 돈을 더 아껴 쓰고 있었다.

그리고 나와 관계가 친한 학우는 거의 없었다. 왜냐하면 나는 일찍이 '땡땡이'로 알려져 있었으며, 그 후에 우리 집은 '안자편'으로 이사하게 돼서 더 이상 학우들과 같이 등교하는 일은 없어졌고, 같이 노는 일도 없었기 때문이었다.

그러나 거의 없는 것과 전혀 없는 것은 다른 얘기였다.

2학기가 개강한 지 얼마되지 않아, 반에는 천위안위안陳元元이라는 남학생이 전학 왔다. 천위안위안은 키가 나와 비슷했다. 중간 키에 둥그스름한 얼굴, 그 얼굴은 사과 같았고, 전체 느낌은 여학생 같았다. 담임 선생님이 친구들에게 그를 소개할 때 웃음을 참지 못했고 누가 이름을 지어 줬냐고 물었다.

천위안위안이 맨 처음에는 모른다고 대답했는데, 아마 아버지가 지어 준 것이라고 덧붙였다.

선생님은 천위안위안에게 집에 가서 아버지께 개명해 달라 하면 좋을 것 같다며 이제 곧 중학교에 입학할 건데 그 이름을 계속 쓰면 좋지 않을 것 같다고 말했다. 그러나 왜 그 이름을 계속 쓰면 안 좋은지에 대해서는 아무 설명도 하지 않았다.

그 당시에 반 친구들도 왜 안 좋은지에 대해 궁금해했지만 금방 이 일을 잊었다. 나만 호기심을 계속 품고 있었고, 선생님이 왜 그렇게 말씀하셨는지 알아내려고 했다. 어느덧 나는 내가 본 만화책에 '오삼계吳三桂'라는 역사적 인물이 있는데 그는 천위안위안陳圓圓이라는 여자 때문에 명나라를 배신하고 산해관山海關 대문을 열어 청나라를 중국 관내에 끌어들였다는 이야기가 생각났다.

그래서 어느날 수업이 끝나고 나는 몇몇 남학생 앞에서 천위안위안을 보면서 말했다. "나는 네 이름이 왜 안 좋은지 알아냈어!"

내가 그렇게 말하는 것은 일종의 허영심 때문이었다. 나는 다른 학생들보다 더 많은 것을 알고 있다는 것을 증명하고 싶었던 것이었다.

뜻밖에도 천위안위안은 크게 노하여 나를 가리키며 "말하지 마! 네가 감히 말하면 너를 가만히 두지 않을 거다!" 천위안위안이 화난 것을 보니 본인도 '천위안위안'이라는 이름이 왜 안 좋은지 이유를 알고 있는 것 같았다.

그가 그렇게 화난 모습은 나를 몹시 놀랍게 했다.

그때 천위안위안이 음성을 높이며 말했다. "같은 글자 아니잖아?!"

그 말이 몇 명 남학생들의 호기심을 더욱 불러일으켰다. 그들이 나의 '안전'을 보장해 준다면서 나를 꼬드겨 말하도록 했다.

그때 분명 천위안위안이 눈물을 참고 있었다.

나는 아무 말도 하지 않았다. 그때 나는 천위안위안이 두려워서 말을 안 한 것이 아니라 미안해서 말을 하지 않았다.

학교가 끝난 후에 나는 그에게 다가가서 사과했다.

그는 너그러이 봐 줬다. "됐어, 어차피 너도 애들에게 말하지 않았잖아."

천위안위안 말로는 다른 어른들도 정중하게 그의 아버지에게 아들 이름을 좀 바꾸라고 권했지만 아버지는 고집쟁이여서 같은 글자가 아니라면 고칠 필요가 없다고 우겼다. 아버지에 대한 이야기를 꺼내자 그의 눈에는 또 눈물이 글썽였다.

우리 둘이 집으로 가는 방향이 달라서 작별 인사를 하려는 참에 그는 갑자기 나에게 제안을 했다. “우리 집에 놀러 안 올래?”

나는 갈 준비가 안 돼서 곧바로 대답을 못하고 멍하고 있었다.

“우리 아빠는 마차 사장이야. 그래서 우리집에 말 한 마리가 있는데 적토마거든. 다른 말과는 달라.”

그 당시 도시에서 마차를 자주 볼 수 있었고 나는 여러 차례 말을 본 적이 있지만 적토마가 어떤 말인지 한 번도 못 봤었다. 궁금해서 나는 고개를 끄덕였다.

천위안위안의 집은 한 집합주택의 가장 안쪽에 있고, 낮고 기울어진 작은 집이며, 문과 창문이 매우 심하게 침하되어 있었다. 이는 나로 하여금 전에 살던 집을 떠올리게 했다. 전에 살던 우리 집과 다른 점은 그 집합주택의 주인은 한 연로한 한의사였는데, 천위안위안 아버지는 이륜 마차를 몰고 한의사의 왕진, 또한 거동이 불편한 환자의 거리 이동을 도와주고 있었다. 주택 마당 곳곳에 꽃이 있었고, 활짝 핀 꽃들이 주택 마당을 아름답게 꾸며 주고 있었다. 한의사의 집은 특히 크고, 전형적인 러시아 스타일의 집이었다. 창문이 모두 깨끗했고 예쁜 커튼이 걸려 있었다. 이에 비하면 천위안위안의 집은 매우 작은 편이었다. 방 한 칸과 문두 하나, 그 옆에는 바로 마구간이었고, 마구간 옆에는 세워둔 마차가 있었다. 그 적토마는 망아지였고, 크기가 당나귀보다 조금 크고 노새보다 작으며 성격이 유난히 온순했다. 천위안위안이 나에게 마음 놓고 만져도 된다고 이야기해서 내가 살짝 그 말을 만져 봤다. “귀 좀 봐. 귀가 진짜 길지 않아? 일반적인 말보다 훨씬 길지? 그리고 얼굴도 좀 넓고 짧은 것 같지? 앞에서 보면 토끼랑 닮은 느낌이 들지?” 천위안위안이 내 옆에서 연이어 질문을 던졌다.

"맞아. 닮았어, 토끼랑 너무 닮았어." 나는 계속 닮았다고 맞장구 쳤다.

실은 내 눈에는 모든 노역마勞役馬의 얼굴은 조금씩 토끼와 닮게 보였다. 단지 위안위안 집에 있는 그 말의 얼굴은 좀더 토끼에 근접해 보일 뿐이었고, 그 외에는 특별한 점이 없었다. 그러나 나는 그 말에 대해 이미 흥미가 사라졌다는 사실을 내색하기 싫어서 위안위안의 말에 맞장구를 쳤다.

천위안위안 집에서 나오기 전에 그가 나를 주택 입구에 배웅해 줄 때 나에게 이런 말을 물었다. "우리 이제 친구 맞지?"

"그럼."

"약속!"

나는 위안위안과 손가락을 걸어 약속했다.

"이제 우리 친구가 됐으니까 너는 더 이상 내 이름에 대해 뭐라 하지 않을 거지?" 위안위안이 다급하게 물었다.

"약속할게!" 나는 곧바로 대답했다.

그 후에 나도 천위안위안을 데리고 우리집에 놀러간 적이 있다. 때로는 천위안위안이 학교 마치고 집에 가는 것이 싫다고도 했다. 그의 아버지가 집에 없으면 그는 어쩔 수 없이 찬밥을 먹거나 아예 밥을 못 먹는 경우가 많기 때문이었다. 그래서 나는 종종 천위안위안을 우리집으로 초대했고, 매번 그는 흔쾌히 따라왔다. 왜냐하면 찬밥을 먹거나 굶을 필요가 없었을 뿐만 아니라 우리집에서 나와 함께 숙제를 할 수도 있었기 때문이었다.

우리 둘은 확실히 친구가 되었다. 나는 그가 학교를 옮긴 후에 유일한 친구였고, 그는 내가 졸업하기 전에 새로 사귄 친구였으며 가장 기념선물을 주고받고 싶은 친구였다.

천위안위안이 일찍이 나에게 솔직하게 자신의 부모가 '헤어졌다'는 얘기를 한 적이 있다. 그러나 왜 헤어졌는지 그 이유에 대해 모른다고 했다. 그는 어머니를 몹시 그리워하며, 때로는 몰래 어머니를 보러 가기도 했는데, 어머니와 만난 일은 절대 아버지에게 알리면 안 된다고 했다. 왜냐하면 그의 아버지가 그 사실을 알게 되면 엄청 화를 낼 것이라고 했다.

나는 천위안위안과 함께 그의 어머니를 한 번 만나러 간 적이 있다. 천위안위안이 큰 백화점에 들어가면서 나에게 밖에서 잠깐 기다리라고 해서 나는 거기서 가만히 기다렸다. 한참 뒤에 천위안위안이 나왔다. 그의 얼굴을 보니 분명히 백화점 안에서 울었다! 그러나 그는 나에게 기쁜 척하며 아이스크림을 하나 사줬다.

졸업 전에 나는 그에게 만화책 몇 권을 선물했다. 만화책은 나에게 특별히 소중한 '재산'이었고 그 전에는 아무에게도 선물한 적이 없었다. 그러나 천위안위안은 나의 친한 친구가 됐으니까 그에게는 줄 수 있었다. 그가 나에게 선물해 준 것은 크지도 작지도 않은 공책이었다. 그 안에는 사탕 포장지가 많이 끼워져 있었다. 그 중에는 나도 본 적 없는 사탕 포장지도 있었다. 그 당시에 사탕 포장지를 모으는 것을 좋아하는 초등학생들에게 보기 드문 사탕 포장지는 너무나 소중한 '보물'이었다. 그 포장지는 천위안위안이 누구에게도 주기 아까운 '보물'인 것이 확실했다. 나는 그때 사탕 포장지를 모으는 취미가 없었지만, 그래도 천위안위안이 나눠 준 귀중한 선물을 기쁘게 받았다.

졸업 후 방학이 시작됐고, 우리는 각자 집에서 중학교 입학통지서를 기다리고 있었다. 그 사이에 나는 위안위안네 집에 한 번 찾아갔는데 그와 만나지 못했다. 그 집에 말이 아직 있고 차도 있었지만 마차 모는 사람이 바뀌었다. 그리고 낡고 작은 방에 사는 사람도 천위안위안과 그의 아버지가 아니었다.

내가 갔을 때 마차 모는 사람이 말에게 먹이를 주고 있었다.

나는 천위안위안과 그의 아버지가 어디로 이사갔느냐고 물었다.

그 사람은 모른다고 대답했고, 그런 사람을 본 적이 없다고 했다. 그 집에 왔을 때 방은 이미 비어 있었다고 말했다.

우리 집안에 대학생이 나왔다!

10

내가 29중학교 입학통지서를 받은 며칠 후에 형은 탕산唐山철도대학교 입학통지서를 받았다.

이웃들은 모두 어머니께 겹경사를 맞았다고 축하했다.

어머니는 그 며칠 동안 활짝 웃었다.

29중학교는 일반 중학교였다. 평범한 가정의 아이가 일반 중학교에 합격한 것은 실은 축하할 만한 일이 아니었다. 이웃들의 축하는 형이 대학교에 합격한 것에 대한 축하라는 것을 나는 충분히 알고 있었다. 나도 내심 정말 기뻤다.

탕산시는 대도시라고 표현할 수 없고, 인구는 하얼빈보다 많지 않았다. 그러나 탕산시는 중국 채탄업과 철도 사업의 '요람'이다. 탕산철도대학교는 중국 최초로 설립된 대학교 중의 하나로 그 시절에 중국 공과대학교 부문의 중점 대학교 축에 들어갔다. 형이 하얼빈공업대학교나 하얼빈군사공정대학교에 지원하지 않고 탕산철도대학교에 지원하는 것은 어머니의 꿈을 이루기 위해서였다. 그 당시에 하얼빈에서 남들의 부러움을 살 수 있는 주택은 철도 회사에 다니는 직원들의 기숙사였다. 모두 아름다운 러시아 스타일의 벽돌집이었다. 어머니는 형이 나중에 철도 엔지니어가 될 수만 있다면 우리집도 러시아 스타일의 벽돌집에 들어가서 살 수 있다고 생각했다.

아버지는 형이 대학교에 진학하는 것을 반대했지만 어머니는 아버지의 의견에 신경 쓰지 않았다. 어머니의 꿈이 우리 가족의 꿈이기도 했다. 어머니께서 나와 동생에게 우리 가족의 꿈에 대해 이야기한 적이 한두 번이 아니었다. 그때 아버지를 제외하고는 형이 대학교에 합격했다는 소식이 전해진 그 며칠 동안 우리는 모두 기쁨에 빠졌다. 왜냐하면 우리의 꿈이 이루어지는 데까지 가까워진 것 같았기 때문이다.

그러나 아버지의 반대도 일리가 있었다. 아버지는 이미 중년이 지났고, 안전 생산 조례에 따르면 중년 이후의 건설 근로자는 더 이상 고공 작업 현장에 올라가는 것이 허용되지 않는다고 규정하고 있었다. 그래서 아버지가 곧 지상층 작업을 하는 근로자가 될 것인데, 매일 소득이 줄어들 예정이었다. 나 외에도 남동생 둘과 여동생 하나가 모두 학교에 다니기 시작했는데 가계 지출이 전보다 더 늘어날 것으로 예상됐다.

어머니의 낙관적 태도에도 이유가 있었다. 어머니는 이제 공장에서 숙련공으로 일하고 있어서 월급이 전보다 더 올라갈 예정이었다. 게다가 형은 우리 온 가족의 행복한 꿈을 이끄는 사람이고, 꿈을 이루기 위해 형이 대학교에 다니는 동안 우리 가족이 몇 년 동안 '빠듯한' 시기를 참고 극복하는 것은 당연하다고 생각했다.

형은 걱정이 태산이었다. 왜냐하면 온 가족의 행복한 꿈을 이루는 일은 얼마나 부담스러운 일인지를 잘 알고 있기 때문이었다.

나는 아버지에게 형이 대학교에 붙었다는 소식을 담은 편지를 한 통 써서 보냈다. 내가 쓴 이유는 형이 아버지가 대학 입학을 반대한다는 것을 알고 있었기 때문에 이런 편지를 형보고 본인이 쓰라고 하기에 적당하지 않기 때문이었다.

아버지는 곧 답장 한 통을 보내왔다.

아버지는 문맹 퇴치 시기에 글 쓰는 것을 조금 배웠다. 잘못된 글자가 섞인 아버지의 답장은 거의 형에 대한 비판 내용밖에 없었다.

나는 답장을 받고 몰래 어머니에게 읽어 줬다. 어머니는 형이 못 보도록 편지를 잘 숨기라고 당부했다.

그러나 결국 형은 그 편지를 발견했다. 형은 너무 억울해서 그 자리에서 울어 버렸다.

형은 대학교에 가기 전에 온돌 흙벽돌을 더 만들어 놨다. 그 흙벽돌들이 다 마르기도 전에 형은 집을 떠났다.

그리고 셋째 동생과 넷째 동생의 도움으로 나는 안방에 있는 널빤지로 만든 침대를 뜯어서 거기에 온돌침대를 하나 더 쌓았다.

유난히 주목받는 나

II

우리 반 역사 과목을 가르치는 선생님은 남자 선생님이었다.

어느 날 선생님이 수업을 시작하기 전에 갑자기 "량사오성 학생, 일어나 보세요."라고 말했다.

나는 왜 그러는지 궁금해하면서 일어섰다.

선생님은 나를 훑어보고 아무 말도 하지 않고 나를 앉혔다.

다른 학생들은 당연히 더 궁금해했다.

국어 과목을 가르치는 선생님은 여자 선생님이었다. 어느 수업 중에 선생님은 출석부를 보고 내 이름을 불러서 본문 한 단락을 읽어보라고 시켰다. 내용을 다 읽은 후에 선생님께서는 나에게 이렇게 물었다. "혹시 량사오셴梁紹先 학생의 동생 맞지요?"

나는 그저 고개를 끄덕이며 "네."라고 대답했다. 그랬더니 선생님이 나를 바라보면서 잘 읽었다고 칭찬해 줬다. 이 행동은 학생들의 호기심을 더욱 불러일으켰다. 물론 그때 우리는 다들 신입생이었고 서로 친해지기 전이라서 다른 학생들이 나를 붙잡고 이유를 물어보지는 않았다.

29중학교는 형이 다녔던 중학교였다. 형은 재학 기간 동안 공부를 잘 했을 뿐만 아니라 학교 공청단 위원회 간부를 맡았으며, 학교 예술 공연 활동에 매우 적극적으로 참여했다. 전교 문예대회에서 형은 솔로 부문 상을 받기도 했다.

일반 중학교 출신의 남학생이 열심히 해서 시市 중점 고등학교에 합격하고, 그 후에 중점 대학교에 입학하게 된 것은 그가 졸업한 학교의 자랑이며, 이를 가르치던 모든 선생님들의 자랑거리가 됐다.

얼마 후에 나는 선생님들이 왜 그런 '비정상적인' 행동을 했는지 알게 되었다. 뿐만 아니라, 거의 반 전체 학생들도 그 이유를 알게 되었다. 내가 말한 적이 없는데 학우들이 어떻게 알게 되었는지 나도 몰랐다.

그 이유는 다음과 같았다. 그때까지 우리 반 전체 학생들 중에 형제자매가 대학생이 되는 경우가 없었다. 아니, 우리 반 뿐만이 아니라 전교 내에서도 전례가 없다고 했다.

우리가 중학교에 입학한 지 얼마 안 되고, 대학교에 합격할지 못할지는 적어도 6년 후에 알 수 있는 일이었다. 6년이라는 세월은 중학생들에게 아주 긴 세월이었다. 그래서인지 대학교는 우리 모두에게 신비로운 느낌을 줬고, 대학생의 동생으로서 나는 당연히 학우들에게서 주목을 받게 됐다.

나는 주목받는 일에 익숙해지기 힘들었다. 정확히 말하자면 나는 그런 대우를 원치 않았다.

나는 전혀 남의 관심을 받지 못하는 그런 환경에 더 익숙하고, 다시 말하면 그런 환경은 나를 더 편하게 해 줬다. 나는 나 혼자만의 시간을 보내고 싶었다. 형이 떠날 때 남겨둔 여러 세계 명작이 있었다. 그것은 형이 학교에 다니면서 아르바이트를 해서 번 돈으로 구매한 책들이었다. 나에게는 형이 남겨둔 책을 조용히 읽는 그 시간이 특별히 소중하고 즐거웠다. 혼자 조용히 그 시간을 보낼 때 주목받는 것으로 인해 생긴 스트레스를 겪지 않아도 됐다.

그러나 현실은 나는 이미 주목을 끄는 상황에 놓였다. 그러므로 나는 더 열심히 공부할 수밖에 없었다. 나는 외우는 뇌 부분이 발달하지 않았고, 암기식 학습 방식은 나에게 어울리지 않았다. 물리와 화학에 대한 흥미도 그다지 많지 않았다. 그러나 나는 형의 얼굴에 먹칠하지 않기 위해 매일 일찍 일어나고 늦게 자면서 러시아어 단어와 물리, 화학 공식을 반복하여 외우도록 노력했다. '형의 얼굴에 먹칠을 하지 않게'라는 말은 내가 중학생이 된 이후의 학습 원동력이었다. 나는 처음부터 아버지나 이웃집 아저씨처럼 평범한 근로자가 되는 것이 꿈이었기 때문에 '형의 얼굴에 먹칠을 하지 않게'라는 학습 원동력을 제외하고는 나에게 다른 학습 원동력이 거의 없었다.

그래도 아예 없는 것보다 원동력 한 가지라도 있으면 좋은 일이다.

중간고사 때 나의 성적은 9등이었다. 나는 무심결에 수학을 가르치는 왕밍치王鳴岐 선생님이 우리반 담임 선생님과 하는 대화를 들었다. "량샤오성 학생 성적이 좀 어떻습니까?"

"그럭저럭 괜찮은 것 같아요." 담임 선생님이 이렇게 대답했다.

형의 학습 성적은 줄곧 전교에서 상위권을 차지했는데 나의 성적은 반에서 9등이라니, 확연히 비교가 됐다.

왕밍치王鳴岐 선생님

12

그 당시에 왕밍치 선생님은 50살이 넘었는데 학교에서 가장 나이가 많은 선생님이었다.

왕밍치 선생님은 우리들에게 수학을 가르쳤다. 일찍이 우리 형이 다녔던 반의 담임 선생님이었는데 그때 나이가 50살이 안 됐다. 내가 입학한 그 해에 선생님은 수학 교학연구팀 팀장을 맡았다.

선생님은 체격이 작고 마른 편이며 키가 약 159㎝정도였다. 둥근 얼굴에 머리카락은 반 정도 하얗게 셌지만 여전히 싱글이었다. 그리고 외모만 보았을 선생님은 지극히 평범한 스타일이었다. 선생님이 하얼빈에 친척이 별로 없어서 그런지 학생들을 친자식처럼 여기며 살았다. 학생 외에는 아무도 선생님의 집에 가 본 적이 없다고 했다.

선생님 집은 학교에서 멀지 않았고, 한 십여 분 정도의 거리였다. 선생님이 다리가 편찮아서 걸음걸이가 느리기 때문에 별로 좋지 않지만 학교와 가까운 주택에 세들어 살았다.

형이 선생님 반의 학생이었을 때 늘 선생님 집에서 숙제하고, 종종 거기서 밥을 먹곤 했다. 나는 왕밍치 선생님에 대해서 몇 년 전부터 잘 알고 있었다. 왜냐하면 그때 선생님이 자주 우리집을 방문했고, 어머니와 친하게 지내왔기 때문이었다. 때로는, 예컨대, 명절 전에 선생님이 우리 형 통해서 어머니가 또 돈 때문에 근심에 빠졌다는 것을 짐작하고, 그럴 때마다 그는 서슴치 않고 형에게 5위안이나 10위안을 주고 우리 집의 급한 상황을 해결하라고 하였다. 실은 어머니가 형이 대학 입시를 지원하는 문제에 대하여 최초의 망설임에서 나중의 흔들림 없이 밀어주겠다는 것으로 바뀌는 것도 주로 왕밍치 선생님에게 영향을 받은 것이었다. 우리 아버지도 왕밍치 선생님을 알고 있었고, 형 대학 입시로 인해 선생님에 대해 꽤 불만을 품고 있었다. 내 셋째 동생과 넷째 동생까지 모두 선생님에 대해 잘 알고 있었다. 한 마디로 왕밍치 선생님은 우리 가족의 일원과 다름이 없었다. 다시 말해서 선생님이 형하고의 관계는 사제이자 모자 관계이기도 했다.

선생님과 두터운 인연을 맺는 학생은 형뿐만이 아니라 몇 명 학생들이 더 있었다.

그 학생들이 선생님과의 관계가 얼마나 좋았던지 내가 시골에 내려간 후에 뜻밖에도 그들이 성공적으로 왕밍치 선생님에게 배우자를 소개했다는 소식을 들었다. 그 분의 성씨는 한韓 씨이고 다른 중학교에서 수학을 가르치고 있다고 했다. 더욱 놀라운 것은, 한 선생님과 왕밍치 선생님이 가연佳緣을 맺게 된 후에 학생 한 명이 초등학교에 다니고 있는 조카를 두 사람에게 입양시켜서, 그것 덕분에 선생님이 아들 한 명을 갖게 되었고 행복한 노후 생활을 보낼 수 있게 되었다.

물론 이상의 내용은 본 장의 이야기하고 직접 연관된 내용이 아니지만 이 일들이 그 당시에 사제 관계 중 하나의 미담이라고 할 수 있기 때문에 이 자리를 빌려 기록해 놨다.

한편, 29중학교 학교 교직원들이 모두 왕밍치 선생님을 각별히 존경한다고 했다. 선생님이 나이가 가장 많고, 교직 생활을 오래 했으며 학생들을 무척 사랑한다는 이유뿐만이 아니라, 선생님의 남다른 생애 이야기 때문이기도 했다. 소문에 따르면 선생님은 일찍이 생모에게 버림받았다. 다른 소문도 있는데 선생님의 부모가 일본군이 중국땅을 침략하는 시기에 전란의 소용돌이 속에서 사망했을 가능성이 높다고 했다. 어찌 되든 선생님이 어린 시절에 버림을 받았는데 성냥 공장에서 일하는 여인에 의해 발견되었고 양육 받았는데, 그 여인은 선생님을 잘 키워서 학교까지 보내주기 위해 평생 시집도 가지 않았다고 했다. 그 여인 덕분에 하얼빈시가 해방되기 전에 선생님이 교사가 되었다. 맨 처음에 초등학교 선생님이었다가 강의를 잘 하는 관계로 중학교 선생님이 되었다. 해방 후에 선생님이 여러 방법으로 친부모를 찾아봤지만 아무런 단서도 얻지 못했다. 대신에 그는 키워준 양어머니에게 공경과 효도를 다했다. 내가 29중학교에 입학했을 때도 선생님은 여전히 양어머니를 모시고 살고 있었다.

선생님 출생에 관한 이야기를 나는 어머니로부터 들었고, 어머니는 형으로부터 들었다. 형은 선생님이 직접 이야기해 준 것이었다. 아마도 선생님과 두터운 정을 쌓은 학생들이 선생님에 대한 특별한 존경과 사랑의 감정 외에도 동정이라는 감정도 분명히 있었을 것이다.

나는 29중학교에 다니기 전에 선생님 집에 간 적이 있다. 세대가 비교적 많은 집합주택에 선생님과 선생님의 양어머니는 나지막한 방 두 칸에 살고 있었다. 바깥방은 부엌이지만 거기에 1인용 침대가 하나 놓여 있고, 양어머니는 그 침대에서 주무시고, 선생님은 안방에 있는 1인용 침대에서 잔다고 했다. 안방에는 학생들의 숙제를 채점하는 책상과 책꽂이가 있기 때문에 바깥방보다 남은 공간이 그리 크지 않았다. 그때 내가 선생님 집에 찾아가는 것은 늘 우리집에 반드시 형이 와서 해야 할 일이 생길 때 어머니의 심부름으로 선생님 집에 달려간 것이었다. 거의 매번 어머니의 예상대로 형은 선생님의 집에서 숙제를 하거나 선생님을 돕는 일을 하고 있었던 것 같았다.

비록 29중학교의 신입생 중에서 선생님의 가엾은 생애에 대해 아는 사람이 거의 없었으나 대부분 학생들이 선생님을 매우 존경했다. 선생님을 만날 때 경례하고 인사하지 않는 학생을 거의 못 봤다. 이처럼 학교 교직원들이 모두 선생님을 각별히 존경하는 것은 사실 선생님이 강의를 특별히 잘해서 명성이 높다는 이유도 있지만 선생님의 한결같은 자상함이 더 큰 이유이다. 선생님은 항상 미소를 띠는 자상한 얼굴로 학생들을 맞이해 주며 눈에는 늘 학생에 대한 사랑이 가득하였다. 이로 인해 학생들이 선생님을 만날 때마다 자연스럽게 정중하게 인사를 하게 됐다.

그때 선생님의 모습은 어떤 외국 영화에서의 상냥하고 친절한 수도원 '원장 할머니'와 매우 비슷했다.

나는 등하굣길에서 선생님을 만나면 늘 선생님과 팔짱을 끼고 같이 걸었다. 이로 인해 다른 학우들의 호기심을 불러일으킬 수 있을 뿐만 아니라 부러움도 불러일으킬 수 있었다! 실제로 어떤 학생은 왕밍치 선생님을 우리 어머니로 착각해서 나와 나의 어머니가 같은 중학교에 있다고 생각하기도 했다.

우리반 담임 선생님

13

우리반 담임 선생님의 성씨는 손孫이다.

손 선생님은 우리를 가르칠 때 나이가 23살이었고, 결혼한 지 얼마 안 됐었다.

손 선생님도 키가 작은 여자고, 눈이 맑고 큰 편이었으며 이목구비가 뚜렷하고 늘 활기차고 생기발랄해 보였다. 내 눈에 손 선생님은 정말 미인이었다. 그리고 손 선생님의 성격은 매우 밝은 편이고, 얼굴에 늘 미소를 띠고 있어 웃을 때는 중학교 선생님보다 옆집 명랑한 누나처럼 보였다.

선생님은 농부의 딸로 태어나서 아버지는 농사일을 하고 어머니는 평범한 시골 가정주부였다. 그 시대의 말로 표현하자면 그의 부모는 모두 '인민공사사원人民公社社員'이었지만 글을 전혀 몰랐다.

손 선생님은 무단장牡丹江사범학교를 졸업했고, 무단장사범학교는 헤이룽장성 사범류 학교 랭킹에서 하얼빈사범학교에 버금가는 학교였다. 손 선생님은 시골에서 공부해 대학교에 합격하였고, 그리고 그 학급 학생 중에 품행과 학업이 가장 뛰어난 학생으로 뽑혔다는 사실을 통해 그가 얼마나 똑똑한 사람인지를 충분히 짐작할 수 있었다. 그게 아니면 하얼빈에 있는 중학교 교사로 되기 어려웠을 것이다.

손 선생님 남편은 원래 하얼빈 모 체육 종목의 운동선수였는데 후에 57중학교의 체육 선생님이 되었다고 했다. 그는 건강미가 넘치는 운동선수의 몸매에다 연예인 얼굴까지 갖고 있어 미남 축에 들어갈 수 있다고 했다.

손 선생님이 우리반 담임 선생님이 되었을 때 아직 자식이 없고,

남편인 이李 선생님이 배정 받은 방 두 칸짜리의 주택에 살았다. 그 주택이 있는 건물은 큰 도로에 가깝고, 원래 1층 높이의 건물로 왼쪽은 상점, 오른쪽은 병원이었다. 세월이 지나 건물이 너무 낡아져서 시에서 그것을 철거하고 2층 건물로 지었다. 개조 후에 1층에는 여전히 상점과 병원이 있었다. 그곳은 시내 번화가하고 매우 가까워서 오늘날의 말로 표현하면 '황금지역'이라고 할 수 있었다. 손 선생님은 부모님을 시골에서 하얼빈 시내로 모시고 와서 남편과 함께 살았다. 남편이 장인 장모에게 정성을 다한다고 들었다.

손 선생님도 수학 과목을 맡아서 가르치는데 강의 실력이 뛰어나서 늘 학생들로부터 높은 평가를 받았다. 수학 내용을 아주 재미있게 만들어서 학생들의 주의력을 사로잡을 수 있었다고 소문이 자자했다.

손 선생님과 왕밍치 선생님은 각각 나의 담임 선생님과 한때 형의 담임 선생님이신 분이었다. 손 선생님은 교사계의 신예新銳이며, 왕밍치 선생님은 그야말로 베테랑 교사이고 마침 모두 수학을 가르쳐서 같은 연구실을 사용하게 됐다. 그들의 사이가 매우 화목하고 좋았다. 그리고 손 선생님은 우리반 담임 선생님이 된 지 얼마 안 됐을 때 우리집을 방문했다.

교사가 가정방문을 할 때 보통 해당 학생이 자리를 피하려고 하는데 나도 역시 마찬가지였다. 나는 바깥방에서 손 선생님과 어머니의 대화를 엿들었다.

어머니가 먼저 입을 열었다. "선생님, 샤오성은 그의 형보다 공부를 못한다는 것을 엄마로서 저도 잘 알고 있습니다. 선생님 신경을 쓰게 해서 죄송합니다."

손 선생님은 어머니가 한 말을 듣고 "사오성도 나름의 장점이 있습니다."라고 말했다.

"그렇습니까? 집안일을 좋아하는 것 외에는 다른 장점이 뭐가 더 있는지 제가 잘 모르겠네요." 어머니가 매우 의아하는 말투로 말했다.

"어떤 때는 말을 정말 재미있게 합니다." 손 선생님이 내 장점을 찾아 어머니에게 말했다.

나는 책 읽는 것을 좋아하기 때문에 종종 문학적 표현과 유사한 말을 만들어 이야기하곤 했다. 때로는 단지 문학 서적 속의 말을 그대로 옮겨 말하기도 했다. 그것은 그저 한 중학생이 다른 학우들보다 책을 많이 읽었다고 자랑하기 위해서 일부러 경전을 인용하고 어려운 문구를 썼을 뿐이었다. 그러나 우리반 친구들이 내가 그런 표현을 쓸 때마다 귀에 거슬린다고 하지 않았고 오히려 내 표현 방식을 좋아한다고 했다. 그렇기 때문에 나는 반 친구들이 나와 함께 있을 때의 시간이 더 즐겁고 유쾌하다고 느낄 수 있도록 책에서 본 재미있는 줄거리나 만담에 가까운 대화문을 들려주곤 했다.

선생님이 나의 유머를 칭찬해 주는 말을 듣고, 내 기분은 롤러코스트를 탄 듯 했다. 그 이유는 그 칭찬이 어머니의 말에 간접적으로 동의해 준 셈이었다.

과연 어머니가 한숨을 내쉬며 실망스러운 말투로 이어 말했다. "선생님께서 칭찬해 주셔서 감사합니다. 그런데 그게 무슨 장점이라고 할 수 있겠습니까?"

손 선생님이 "그래도 장점이라고 볼 수 있습니다. '귀여운 장점'

이라고 표현해야 할까요? 그런데 샤오성이 일부 과목을 특히 잘하는데 다른 과목을 소홀하는 경향이 있습니다. 국어 성적이 좋고, 내가 가르치는 수학도 잘하고, 다만 물리, 화학, 러시아어 이 세 과목 성적이 좀 걱정됩니다. 이 세 과목도 메인 과목인데, 흥미가 없어도 잘 배워야 할텐데…적어도 시험 점수는 80점 이상이어야 합니다."라고 걱정스러운 말투로 말했다.

나는 더 이상 엿듣지 않고 슬그머니 집을 빠져 나갔다.

그날부터 물리, 화학, 러시아어 수업에서는 나는 더 이상 만화책을 몰래 보지 않았다.

그리고 얼마 지나지 않아 나는 손 선생님을 크게 놀라게 한 일을 했고, 그 일 때문에 반 친구들이 두 그룹으로 나뉘게 되었다.

손 선생님은 미술 선생님에게 황지광黃繼光, 동춘루이董存瑞, 츄사오윈邱少雲 등이 들어간 중국인민해방군 영웅 채색 그림 다섯 폭을 그려 달라고 부탁했다. 미술 선생님이 완성한 그림에는 황지광이 적의 토치카 총구멍을 향해 몸을 던져 달려드는 용감한 모습이었다. 상식적으로 사람이 달리는 과정에서 덤벼들려면 몸짓은 앞으로 기울지 않을 수 없었다. 이 부분에 대해 나는 아무 이의가 없었다. 문제는 열사의 한쪽 다리는 뒤로 구부러져 앞으로 한 걸음 더 내딛을 준비를 하고 있었던 것이었지만 종아리 부분은 다른 쪽 다리에 의해 완전히 가려진 것이었다. 전체로 봤을 때 나도 이 그림은 매우 감화력이 있고 훌륭한 그림이라고 생각했다. 그러나 자세히 살펴보면 나는 이 훌륭한 그림의 문제점을 발견했다. 아무래도 황지광의 종아리가 완전히 가려져서는 안 되고, 적어도 신발과 바짓가랑이를 살짝 드러내야 한다고 나는 그렇게 생각했다. 그저 생각만 하면 괜찮을 텐테 하필 나는 생각을 하면 반드시 행동으로 옮기는 성격이었다. 그래서 나는 쉬는 시간에 교실에 사람이 아무도 없는 틈을 타서 내 생각대로 크레파스로 황지광의 신발과 바짓가랑이 부분을 그려 놓았다. 나의 그림 실력이 그다지 좋지 않았고, 또 급하게 그린다고 제대로 못 그렸고, 더군다나 크레파스와 채색 그림의 색깔도 완전히 일치하지 않은 탓에 결국 나는 좋은 그림을 망쳤다.

그 일은 곧 반 친구들에게 발견됐고 그림 개조 '사건'이 터졌다. 반 친구들이 두 그룹으로 나뉘어 논쟁을 벌였다. 한 그룹의 학생들이 내 행동이 악의적이라며 아무래도 내가 열사에 대한 불경한 마음을 갖고 있다고 주장했고, 다른 그룹의 학생들이 나는 그런 악의와 불경 심리가 없다고 꼭 믿었고, 내가 그림을 수정하는 동기는 나쁜 것이 아니지만 일 진행하는 방식이 틀렸을 뿐이라고 변명해 줬다.

그때 미술 선생님이 교실에 나타나서 그림 앞에 서서 잠시 살펴봤다. 그리고 그 그림은 자신이 화보에 있는 그림을 확대기로 엄격히 비율을 측정한 후 모사한 것이라고 설명했다.

미술 선생님은 나를 곁으로 불러 그림을 가리키며 말했다. "화가가 인물을 그릴 때에 보는 각도가 있어요. 이 그림은 열사의 측면 전방을 보는 각도로 그린 것이었어요. 그린 후에 사람이 그림 근처에 서서 볼 때도 나름의 각도가 있지요. 정면에 서서 보면 네가 말한 그런 느낌을 받을 수 있지만 화가와 같은 시각에서 보면 지금 네 행동이 무의미한 것이라는 것을 알 수 있을 거예요."

나는 다른 각도에서 다시 살펴보더니 확실히 내 행동이 쓸데없는 짓이라는 것을 깨달았다.

미술 선생님은 더 이상 아무 말 하지 않았고, 반 친구들의 의견에 대해서 자신의 견해를 이야기하지 않았다.

미술 선생님이 나가자마자 손 선생님이 수학 수업을 하러 교실에 들어왔다. 그는 그림을 본 후에 나를 쳐다보더니 눈썹을 찌푸리고 어떤 말을 하려는 듯했지만 수업이 시작하는 종이 울렸다.

손 선생님은 지금까지 그날처럼 그렇게 엄숙한 분위기로 수업한 적이 없다. 45분 동안 단 한 번도 나를 쳐다보지 않았다. 반 친구들이 분위기를 파악해서 모두 평소 때보다 더 바른 자세로 앉았다. 교실 분위기가 몹시 무거웠고, 수학 수업이 아니라 마치 '전쟁 대비 회의' 같았다.

수업이 끝난 후에 손 선생님이 학생들을 모두 교실을 떠나게 하고, 단지 나 혼자만을 남겼다.

그리고 선생님이 정색하는 얼굴로 나를 불렀다. "내 앞으로 와."

나는 고개를 숙이고 선생님에게 다가가 바로 사과했다. "선생님, 잘못했습니다."

"자신이 잘못했다는 것을 깨닫는 것도 좋지만, 일이 이 지경에 이르렀으니 나는 학교에 보고할 수밖에 없는 것 너도 알고 있어야 해."

나는 그제서야 정말 큰 사고를 쳤다는 것을 깨달았고 어찌할 바를 몰라 서 "알겠습니다." 라고 대답했다.

그 후에 어떤 학생이 말해 줬는데 학교에서 손 선생님에게 이 일에 대해 어떻게 처리할 건지 잘 판단해서 결정하라고 했다.

손 선생님은 먼저 나에게 어떻게 미술 선생님에게 사과할지를 가르쳐 줬다. 그리고 의미심장하게 다음 말을 해 줬다.

"미술 선생님은 개인 시간을 내서 우리반을 위해 몇 폭의 그림을 그려 줬는데, 전부 완성할 때까지 열흘 넘게 걸렸단 말이야. 다른 사람의 결과물에 존중하는 마음을 품고 보는 것이 기본 예의 아니겠어? 만약 네가 그림에 대해 다른 생각이 있어서, 예컨대, 어느 부분을 몇 획을 더 넣었으면 좋겠다고 생각을 한다면, 먼저 미술 선생님께 너의 생각을 말씀 드리고 허락을 받고 하는 것이 올바른 일이 아니겠어? 제멋대로 남의 작품에 개조하는 것이 올바르지 않지, 안 그래?"

손 선생님의 가르침에 나는 잘못을 뉘우치고 미술 선생님에게 찾아가서 정중하게 사과를 했다. 미술 선생님은 나를 용서해 줬으며, 우리반을 위해 그림 한 폭을 더 그려 주겠다고 했다.

그리고 손 선생님은 나에게 반 전체 학생들 앞에서 반성할 기회를 줬다. 나는 반 친구들에게 진심 어린 반성을 했다.

그리고 난 후에 손 선생님은 잘못을 인정하는 나의 태도에 대해 칭찬해 줬다.

"일생 동안 많은 일에 대해 우리가 배우고 깨닫는 과정이 필요합니다. 잘못을 하면 솔직하게 잘못을 인정한다는 것도 우리가 배워야 하는 것 중의 하나입니다. 여러분이 이 도리를 꼭 기억해 뒀으면 좋겠습니다. 그리고 그림 사건에 대해서는 여기까집니다. 누구라도 더 이상 이 일에 대해 붙잡고 이런 저런 얘기를 하지 않기를 바랍니다." 손 선생님은 전체 학생들에게 이렇게 말했다.

이 일을 통해 나는 손 선생님이 나에 대한 보살핌과 사랑이 남다르다는 것을 더 느꼈다.

선생님의 보살핌에 보답하기 위해 나는 더 나은 학습 성적을 취득해야 한다고 생각해서 그 뒤에 더욱 열심히 공부했다.

잊을 수 없는 그날의 초저녁

14

내 학업 성적은 쑥쑥 올랐다.

기말고사가 가까워지면서 나는 자신감을 가득 느끼며 시험을 기다리는 마음이 초조했다.

그런데 그날, 마지막 역사 수업을 듣고 있었을 때 손 선생님이 교실 문 앞에서 손을 흔들어서 나를 불렀다.

그때 밖은 이미 해가 저물기 시작했고 날이 캄캄해졌다. 중국 북방의 겨울날은 해가 다른 데보다 일찍 저문다. 고개를 들어 하늘 보니 첫눈이 내리고 있었는데, 온 세상을 하얗게 덮은 눈송이가 아니라 진눈깨비였다. 비가 내리는 것처럼 보이지만 순수한 비가 아니었다. 공중에 떠 있을 때는 눈송이처럼 보이지만 또 눈처럼 그렇게 하얗지 않고, 그 색깔은 마치 살짝 젖은 설탕과 비슷했다. 땅에 닿으면 순식간에 녹아버리지만 바로 물이 되는 것이 아니라 젖은 눈으로 변했다.

손 선생님은 복도에서 작은 목소리로 나에게 말했다. “너와 관련된 일이 하나 있어. 선생님은 지금 바로 너에게 말해 줘야 될 것 같아, 음…근데 너무 무서워하지 마.”

나는 순간에 무서움을 느꼈고 떨리는 목소리로 초조하게 물었다. “혹시 우리 어머니가 아파요?”

“그건 아니고…음…어머니도 예상치 못한 일인데…너네 형이 탕산철도대학교에서 돌아왔어. 근데 집을 못 찾고, 전에 다녀던 모교인 이 학교로 찾아왔어. 지금 네가 책임지고 형을 집으로 데려가야 돼.” 선생님이 아주 조심스럽게 말했다.

나는 너무 혼란스럽고 어찌해야 할지 몰랐다. “선생님. 제가 선생님 말씀이 무슨 뜻인지 전혀 이해할 수 없어요."

손 선생님이 이어서 말했다. "몇 마디로 일의 자초지종을 설명하기가 어려울 것 같아. 게다가 너도 분명히 쉽게 받아들일 수 없는 일이야. 그러나 선생님은 네가 이성적으로 이 일을 대처했으면 좋겠어."

그때 선생님과 나는 이미 수학 연구실 문 밖에 도착했다.

선생님은 나에게 물었다. "진짜 사나이처럼 대처할 수 있겠지?"

나는 어리둥절하면서 고개를 한 번 끄덕였다.

선생님은 두 손을 내 어깨에 얹히고 살짝 나를 밀면서 나와 함께 연구실로 들어갔다.

왕밍치 선생님을 포함해서 수학 선생님들이 거의 다 연구실 안에 있었다. 형은 파란색 패딩을 입고 왕밍치 선생님 옆에 앉아 있었으며 왕밍치 선생님은 그의 한 손을 잡고 있었다. 낯선 두 남자가 난로 옆에 서서 몸을 녹이고 있었다. 그 두 사람의 신발과 바짓가랑이가 모두 젖었고, 우리 형도 마찬가지였다. 내가 연구실에 들어서자 그 낯선 중년 남자 둘의 시선이 나에게 쏠렸다.

그때 손 선생님이 나에게 두 남자에 대해 소개해 줬다. 그들은 탕산철도대학교 선생님이고 형을 집까지 배웅하는 일을 맡았다고 했다.

교무실 안의 분위기가 유난히 무거웠고, 나는 그 전에는 단 한 번도 경험해 본 적이 없는 우울함을 느꼈다.

그때 탕산철도대학교 선생님이 우물쭈물하며 말하기 시작했다. 우리 형은 정신에 이상이 생겼는데 대체 무슨 일로 그렇게 되는지 아무도 설명할 수 없고, 다만 분명한 것은 형은 정상적으로 공부하기 힘든 상태라는 내용이었다.

아직 앳된 얼굴을 하고 있는 중학교 1학년 학생인 나에게 말할 때 그 선생님은 말 한 마디 한 마디 아주 신중하게 생각하고 말해줬다. 가능한 한 그의 말로 인해 나에게 너무 큰 심리적 부담을 주지 않도록 애를 썼다.

나는 '정신에 이상이 생겼다.'라는 것이 무슨 뜻인지 잘 알고 있었다.

내가 그 선생님의 말을 듣고 있을 때 형은 줄곧 나를 보면서 웃었다. 그 웃음은 그 비정상적인 사람의 웃음처럼 보였다.

그때 내 마음이 마치 어떤 물건으로 쿡 눌려졌고 단번에 납작해졌다는 느낌이었다. 정확히 말하면 마치 두부 한 모가 순간적으로 눌려 말려서 건두부가 된 것 같기도 했다.

당시 내가 무슨 말을 했는지 지금 기억이 전혀 나지 않는다. 어떻게 교학연구실을 떠났는지도 생각 안 난다.

연구실에서 나와 형과 나, 그리고 탕산철도대학교에서 온 두 선생님이 계단으로 걸어갈 때, 손 선생님이 나를 부르는 소리가 들렸다. 내가 멍하게 돌아서니 손 선생님이 황급히 내 앞으로 다가왔다. 그는 작은 목소리로 나에게 당부했다. "가는 길에서 형이 무슨 말을 하든 가만히 듣고 있으면 돼. 너에게 물어보지 않으면 말을 받을 필요가 없어. 형을 꼭 붙잡고 가야 해. 길이 미끄러우니 미끄러지지 않도록 조심히 가. 만약 내일 수업에 못 오면 오지 않아도 돼. 결석 인정해 줄게." 손 선생님은 이 말을 하면서 손수건으로 내 얼굴을 닦았다. 언제부터인지 내 눈물이 얼굴을 타서 주르르 흐르고 있었다.

가는 길에 젖은 눈은 지나가는 여러 차량에 눌려 이리저리 눈덩이로 뭉쳐졌다. 사람들이 눈덩이를 피해서 걸어다녔다. 사람들이 왔다갔다 지나다닌 데는 금방 얼어붙었다. 나는 형을 붙잡고 조심스럽게 앞에서 걷고 있었고, 뒤에 있는 두 선생님도 서로 붙잡으면서 걸었다. 두 분 중의 한 분이 근시 안경을 썼기 때문이었다.

형은 가는 내내 쉴 새 없이 이야기하며 나를 불안하게 하는 말까지 했다. 예컨대 "우리집에 불이 났지? 셋째 동생, 넷째 동생, 막내 여동생은 모두 화재로 죽었지? 너랑 엄마만 살아남았어?"

나는 참다 못해 형에게 소리쳤다. "형 나에게 미친 소리 좀 그만 물어."

"나 안 미쳤어! 마치지 않은 사람이 어떻게 너한테 미친 소리를 물어봐? 너는 정상적인 사람의 말을 미친 소리로 들으니까 너야말로 미쳤구나." 형이 화가 나서 내 팔을 뿌리치려다가 넘어졌다.

사십 여 분의 거리를 우리 네 사람은 한 시간 넘게 걸려서야 집에 도착했다. 어머니가 형의 모습을 보고 얼마나 놀랄실지 짐작할 수 있었다.

탕산철도대학교에서 온 두 선생님의 설명을 듣고 어머니는 형을 껴안고 울면서 낮은 소리로 중얼거렸다. "이럴 수가, 어떻게 이럴 수가 있어……?"

남동생 둘과 여동생 한 명은 눈 앞에서 벌어지는 이 어처구니 없는 상황을 보며 모두 아연실색이 되어 아무 말도 할 수 없고 그저 무척 불안해 보였다.

나는 어머니를 대신해서 두 신생님을 길 어귀까지 배웅하여, 그들에게 식당과 호텔로 가는 방법을 알려줬다.

그 이후의 일은 나는 전혀 기억나지 않는다.

그러나 그날의 한 가지 일은 나는 아직도 똑똑히 기억하고 있다. 그날 한밤중에 나는 악몽에 놀라서 깨어났다. 벌떡 일어나서 불을 켜보니 나는 어머니와 형 사이에서 잠들었던 것이었다.

맞은편 온돌침대에서 셋째 동생과 넷째 동생, 막내 여동생이 모두 깊이 잠들었다. 아무래도 그들은 어린아이라서 일의 심각성을 인식하지 못했을 것이다. 나는 고개를 돌려 형을 봤는데 수면제를 복용한 형도 깊이 잠들었고, 가벼운 코 고는 소리도 냈다. 고개를 돌려 어머니를 봤는데, 어머니는 침대에 바른 자세로 누워 두 눈을 크게 뜨며 천장을 멍하게 바라보고 있었다.

나는 작은 소리로 어머니에게 말했다. "엄마, 얼른 자요. 이젠 제가 우리 집안의 장남 노릇을 할 테니까 걱정하지 마세요. 제가 있잖아요."

어머니는 눈가에 맺힌 눈물을 훔쳤다.

어머니도 작은 소리로 말했다. "불 꺼. 너도 얼른 잘 자고. 헛된 생각하지 마. 너 내일 학교에 가야 되잖아."

나는 불을 끄고 잠을 이루지 못했지만, 쓸데없는 생각을 하지 않았다. 그때 내 머릿속에 단 한 가지 일만 맴돌았다. 이제 나는 우리 가족을 위해 뭐 할 수 있을까? 어떻게 하면 좋을까?

나는 전교에서 유명한
'농땡이 학생'이 되었다!

15

다음날 나는 수업에 가지 않았다.

형이 전날 밤에 수면제를 복용해서 일찍 잠들었지만 약효가 떨어지자 이른 아침에 깨어났다. 깨어난 형이 또 무서운 말을 하기 시작했다. 형이 어머니를 보고 생모가 아니라고, 우리도 그의 친동생이 아니라며, 심지어 우리가 모두 가상 세계에 존재하는 인물, 즉 그의 환각 속의 인물이라고 횡설수설했다. 그리고 형은 여전히 자신의 정신에 문제가 있다는 것을 인정하지 못했다. 형이 스파이에 의해 집과 비슷한 공간에 갇혀서, 스파이들이 가족들의 '그림자'를 이용해 그를 놀리고, 그의 뇌 활동을 원격으로 조종하고 있다고 말했다.

그 증상은 전형적인 이공계 학생의 뒤틀린 신경에서 비롯된 병적 환상이었다.

어머니는 형을 보면서 말없이 그저 눈물이 줄줄 흘렀다.

어머니는 우리보고 형에게 절대 "정신병에 걸렸다", "정신에 이상이 생겼다" 같은 말을 하지 말라고 신신당부했다. 특히 "형이 미쳤다"라는 말을 특히 주의하고 형을 자극하지 말라고 했다.

우리는 당연히 어머니의 당부가 옳다고 생각했다. 동생들과 나는 하나같이 어머니처럼 멍하니 형을 바라보며 무척이나 무기력하게 그가 하는 무서운 이야기를 듣기만 했다.

나는 학교에 갈 염두를 전혀 내지 못했다. 집을 나가면 집에 또 무슨 일이 일어날까 봐 걱정되었기 때문이었다.

그 다음날에도 나는 학교에 가지 못했다.

그 이후 실은 나는 전교에서 유명한 '농땡이 학생'이 되었다.

낮이든 밤이든 수면제를 복용하고 잠든 상황이 아니라면 형이 가장 하고 싶어한 일, 또 유일하게 하고 싶어한 일은 집을 떠나 그를 조종하는 '스파이'의 은신처를 찾는 것이었다.

그러나 우리가 형에게 계속해서 수면제를 먹일 수는 없었다. 왜냐하면 그것은 살인이나 다름없기 때문이었다.

형은 어른이고 밖으로 나가려고 한다면 우리나 어머니나 그를 막을 수 없었다. 딴 데는 몰라도 사람으로서 형도 화장실에 가야 했다. 그러나 형이 밖으로 한번 빠져 나가기만 하면 다시 집에 돌아오게 하는 일이 쉽지 않았다. 그래서 정말 화장실이 급하면 동생이나 나는 반드시 형의 뒤를 따라 함께 화장실에 가 줬다. 만약 형이 화장실에서 나온 후에 주택 밖으로 나간다면 나는 반드시 재빨리 따라갔고, 동생은 집에 달려가서 어머니를 불러 와야 했다.

대부분의 상황은 이랬다. 형은 앞에서 걷고, 나와 어머니는 몇 걸음 거리를 두고 그의 뒤를 따라갔지만 형이 나와 어머니가 그를 따라가는 것을 원하지 않았다. 가끔 아주 먼 거리까지 걸어갈 때도 있었고, 형이 피곤해져서야 나와 어머니는 형을 양쪽에서 붙잡고 집으로 데려올 수 있었다. 형이 집에서 나올 때 우리가 모두 형이 추위에 얼까 봐 꼭 옷을 따뜻하게 입혀줬다. 그러나 어머니는 매번 황급히 나오니 두건조차도 못 쓰고 나오는 경우가 많았다. 하얼빈의 겨울은 거의 매일 영하 20도 이하로 추웠다. 강추위에 어머니의 얼굴이 순간 빨개지고 코끝에 콧물 고드름이 맺혀, 조금이라도 따뜻하려고 두 손을 주머니에 넣고, 어쩔 수 없는 눈빛으로 형의 뒷모습을 보면서 따라가야 했다. 그런 어머니의 모습은 정말 내 마음을 아프게 했다.

몇 번이나 나는 못 참고 형 앞으로 달려가서 그를 가로막고, 거리에서 큰 목소리로 형을 나무랐다. 나는 어머니를 가리키며, 꽁꽁 얼은 어머니가 얼마나 불쌍한지 똑똑히 보라고 했다.

그럴 때마다 형은 죄를 깨달은 것처럼 단번에 정신을 차렸다.

"그래, 앞으로 더 안 나갈게, 우리 집에 가자."

형은 이 말을 하고 나와 함께 어머니의 팔을 붙잡고 집으로 돌아갔다. 그때 어머니와 나는 어김없이 또 눈물을 줄줄 흘렸다.

온 가족을 가장 골치 아프게 하는 것은 형이 고집을 부려서 밤에 외출하려는 때였다. 중국 북쪽 지방은 낮보다 밤이 훨씬 더 춥다. 나와 어머니는 항상 추위에 벌벌 떨며 형의 뒤를 따라다녔다. 어머니가 혼자 따라가면 내 마음이 편치 않고, 반대로 나 혼자 따라가면 어머니가 더 불안해했다.

내가 늘 어머니와 동행했던 이유 중의 또 하나가 나는 그때 어머니에게 해 줄 수 있는 일, 어머니의 스트레스를 덜어낼 수 있는 방법은 그것 뿐이었다.

어느 날 저녁 8시쯤에, 형은 오래된 건물에 들어가서 기어코 어떤 가정의 문을 두드리려고 했다. 나와 어머니가 아무리 형을 막으려고 해도 막을 수가 없었다.

문을 열어준 사람은 키가 작은 남자이며 나이가 마흔이 넘은 모양이었다. 용모가 선량하고 학식이 풍부한 사람처럼 보였다. 그가 놀라운 표정으로 우리에게 누구를 찾느냐고 물었다.

어머니는 미안하다는 표정을 지으며 작은 소리로 그에게 설명하고, 나는 부끄러워서 어머니 뒤에 숨고 싶었다. 그때 어머니와 나는 정말 그 사람에게 무릎이라도 꿇고 양해를 구하고 싶었다.

그 사람은 나와 어머니가 몹시 추워하는 것을 보고는 "신경 쓰지 마세요. 어느 집이든 불행한 일을 겪을 수도 있으니 이해할 수 있어요. 얼른 들어오셔서 몸을 좀 녹이세요."라고 말했다.

알고 보니 그 사람은 앞서 말한 헤이룽장 출신 작가인 린위林予였다. 그 당시에 그는 이미 몇 편의 영화 대본을 썼었고 그의 장편소설 『안비새북雁飛塞北』은 중국 국내 최초로 베이다황의 개간 생활을 반영한 작품이었다. 그때 그는 베이다황에서 헤이룽장 작가협회로 전근된 지 얼마 안 되었을 때였고, 아직 아내 자오룬화趙潤華와 함께 생활한 것이 아니었다.

린위 작가는 우리를 정중하게 집 안으로 초대했다. 방을 보니 그가 그 집에서 생활한 지 얼마 안 된 모양이었다. 방 한 칸, 주방 한 칸, 집은 그다지 깨끗한 편이 아니었지만 곳곳에 책이 쌓여 있었고, 방 전체가 따뜻했다. 난로 뚜껑에는 구워진 진빵과 감자가 놓여 있었다.

이상하게도 형은 그 집에 들어서서 많은 책을 보고 눈이 번쩍 뜨였다. 이 집 주인이 린위라는 것을 알게 된 후에 형이 스파이를 찾고 싶지도 아니하고, 우리에게 『안비새북』을 읽은 적이 있다며 매우 좋아한다고 했다. 그리고 린위 작가와 문학에 대해 이야기를 나누기 시작했다.

린위 작가는 말이 많지 않은 사람이었다. 형이 그가 쓴 책을 좋아한다는 말을 듣고서 그는 아이처럼 쑥스러움을 타기도 했다.

린위 작가는 『안비새북』한 권을 꺼내서 서명하고 형에게 선물했다.

형은 그때 정신이 맑은 상태였고 늦은 밤에 다른 사람을 귀찮게 하는 것이 얼마나 잘못된 일인지도 깨달아서 우리에게 얼른 집에 가자고 재촉했다.

린위 작가는 대문 어귀에서 어머니를 '아주머니'라고 부르며 어머니와 이야기를 나눴다. 나는 문 밖에서 그가 어머니에게 말한 내용을 들었다. "일반 가정 집에서 자녀 한 명을 대학생까지 키우는 일이 쉽지 않는 것은 제가 잘 알아요. 정말 안타깝군요. 그런데 정신병원에 보내지 않았으면 좋겠어요. 병원에 두 번 들어가면 다시 회복하기가 더 어려울 거예요."

그때 린위 작가는 내가 만난 첫 번째의 작가였다.

몇 년 후에 나는 농촌에 내려가서 헤이룽장 생산건설병단의 한 지식청년이 되었다. 한번은 휴가로 나와 집에 갈 때 다른 지식청년 친구와 동행하여 린위 작가를 찾아간 적이 있다. 내가 린위 작가에게 그날 밤의 일을 꺼냈는데 그는 잠시 회상하고서 그제야 생각났다고 했다.

"그때 그 어린 남자아이가 너였어?" 린위 작가가 물었다.

"실은 어리지 않았어요. 그때 저는 이미 중학교 1학년에 다니고 있었거든요."

"그래도 아직 어린아이였지, 뭐. 그날 밤에 내 주의력은 너네 형과 어머니에게 쏠려 너에게 한마디도 못 했지? 혹시 형은 지금 다 나았어?"

나는 고개를 저었다.

그는 쓴웃음을 지으면서 이어서 말했다. "실은…너네 형은 정말 나에게 폐를 좀 끼쳤어. 경찰서에 편지를 써서 내가 스파이라고 고발했어. 그래 가지고 내가 심사를 받았지. 근데, 나중에 그가 쓴 편지를 본 적이 있는데 글씨를 꽤 잘 썼더라."

그 말을 듣고 나는 할 말을 잃고 그저 쓴웃음만 짓고 말았다.

그 후에 린위 작가는 나의 망년지우가 되었을 뿐만 아니라 우리 가족 모두의 친구가 되었다. 그는 내가 문학 창작의 길로 나아가는 데 영향을 준 사람이고 우리 가족의 은인이기도 했다.

한편, 나는 그때 학기 기말고사가 끝난 후 학업 성적은 9등에서 단번에 40등으로 떨어졌고, 당시 반 전체 인원수가 겨우 45명이었다.

나는 더 이상 학교에 다닐 생각이 없었다.

담임 선생님인 손 선생님이 우리집에 방문하여 안쓰러운 표정으로 나에게 말했다. "어떻게든 중학교 졸업까지는 공부해야지. 중학교 졸업조차 못한다면 나중에 일자리 구하기가 더 어려운 거 알지?"

어머니도 나에게 말했다. "그동안 네가 고생했어. 앞으로 엄마가 더 강해져서 집안일 때문에 너에게 부담 주지 않도록 노력할게. 근데 너는 선생님의 말씀을 꼭 들어야 돼. 어머니를 위해서라도 학교 계속 다니고, 적어도 중학교를 마쳐야 돼."

결국 나는 어머니와 손 선생님에게 학교를 계속 다닐 것을 약속했다.

그러나 무단결석을 하지 않는 것은 근본적으로 나에게 불가능한 일이었다. 형 때문에 나는 매일 밤 늦게까지 잠을 못 잤다. 설령 '외출'이 없더라도 형은 항상 한밤중까지 혼잣말을 해서 나를 잠 못하게 하곤 했다. 동생 둘과 여동생이 안방 온돌에서 자니까 상대적으로 영향을 덜 받았다. 그리고 그때 어머니도 어쩔 수 없이 수면제를 복용해야 할 지경이었다. 어머니 말에 의하면 수면제를 복용하지 않으면 이튿날에 아무것도 못한다고 했다. 그러나 어머니는 절대로 내가 수면제를 복용하는 것을 허락해 주지 않았다. 약에 의존할까 봐 나에게 솜뭉치로 귀를 막으라고 했다. 게다가 수면제는 형의 학교 선생님이 남겨준 것이었는데 그때 수면제는 아무 병원에서나 처방 받을 수 있는 것이 아니었다. 나까지 수면제를 복용하게 된다면 약이 금방 다 떨어질 것이었다.

솜뭉치로 귀를 막는 것은 나를 잠들게 하는 일에 아무 도움이 되지 않았으므로 아침에 일찍 일어나는 일은 나에게 정말 어려웠다.

손 선생님은 내 자리를 교실 문에서 제일 가까운 첫 줄로 옮겼다. 내가 몇 시에 학교에 도착하든지 교실 문을 두드릴 필요없이 바로 문을 밀고 자리에 앉을 수 있게 해 줬다.

그때 나는 매달 적어도 3분의 1은 학교에 갈 수 없었다.

나는 29 중학교 역사상 무단결석 횟수가 가장 많은 학생이자 예외적으로 경고를 받지 않아도 되는 학생이었다.

동창 친구 류수치劉樹起

16

나에게 친한 반 친구가 한 명 생겼다!

나의 첫 번째 반 친구는 류수치였다. 우리 둘은 동갑이고, 그 친구보다 나는 생일이 두 달 빨랐다.

우리 집보다 그가 사는 집이 학교에서 더 멀었다. 아마 우리반 전체 학생 중에서 학교에서 가장 멀리 사는 것 같았다. 수치네 집에서 우리집까지는 약 20분 정도 걸렸고, 우리 집에서 학교까지는 약 30분 정도 더 걸렸다. 우리집이 위치하는 거리가 수치가 학교에 갈 때 반드시 거쳐야 하는 길이었다. 그래서 그는 등교할 때 우리집에 잠시 들러 나와 함께 학교에 가곤 했다. 수치와 동행하여 등하교를 하는 일은 내 중학교 시절에 가장 즐거운 추억 중의 하나였다.

형이 병에 걸린 후에 나는 일찍이 수치에게 말했다. "너도 현재 우리집 상황을 잘 알잖아. 이제 나에게 학교 가는 것도 하다 말다 하는 일이 됐으니, 앞으로 너 학교 갈 때 나 찾지 마."

"너희 집 상황은 선생님과 반 친구들이 다 알고 있는데 아무도 네가 무단결석한다고 너를 차별하게 대하는 사람이 없잖아. 음…그럼 우리 둘이 이렇게 약속하는 건 어때? 내가 너를 찾든 안 찾든 그건 나의 자유이고, 나는 너네 집 문밖에 도착하면 그날 네가 학교 갈지 말지는 네가 상황을 봐서 결정하면 돼. 네가 고개를 저으면 내가 두말없이 바로 몸을 돌려 혼자 학교에 갈게. 그러면 되지 않아?" 수치가 이렇게 제안했다.

어찌 거절할 방법이 없어 나는 "알겠어."라고 하고 수치의 제안을 받아들였다.

그 당시에 내 눈에는 수치는 정말 행복한 아이였다. 그는 누나가

넷이나 있었다! 그리고 남동생 하나 있고 여동생도 한 명 있었다. 남동생은 내 셋째 동생과 동갑이고, 여동생은 내 넷째 동생과 동갑이었다. 큰누나와 둘째 누나는 이미 결혼했고 큰누나와 큰매형은 모두 하얼빈시 체육위원회에서 일한다고 하였다. 그의 둘째 누나와 둘째 매형은 모두 철도공사 직원이었고, 둘째 누나는 18번 열차 안내방송원이었다. 18번 열차는 하얼빈에서 베이징으로 가는 특급열차이자 하얼빈에서 출발하는 열차 중에서 서비스 평가가 가장 좋은 열차였다. 일반 가정에서 일자리에 대한 로망을 말하자면, 수치의 큰누나와 둘째 누나, 그리고 형부들의 일자리는 모두 최상위 직업에 속했다. 나는 수치네 집에 여러 차례 가 봤지만 수치 셋째 누나를 만나 본 적은 없는 것 같다. 그의 넷째 누나는 그 당시에 철도기술학교에 다니고 있었고 졸업 후에 역시 철도공사에서 일하게 될 확률이 높았다.

수치 아버지는 우리 아버지보다 나이가 많고, 일찍이 '관동땅에 가서 새 삶 찾기'로 동북 지역으로 이주해 하얼빈에 정착한 사람이었다. 수치 어머니도 우리 어머니보다 나이가 많으며, 그의 아버지와 마찬가지로 산둥성 사람이었다. 자녀가 많기 때문에 수치 어머니는 직장에 다닌 적이 없다.

나의 친한 친구이기 때문에 우리 어머니는 수치를 남이라고 생각하지 않았다. 나를 찾으러 오면 어머니는 늘 그를 붙잡아 일상 이야기를 나누곤 했다. 나는 그의 집안 상황에 대해 직접 수치에게서 들은 것이 아니라, 어머니가 그와 이야기를 나눌 때 나는 옆에서 듣게 된 것이었다.

수치 아버지는 삼륜 짐수레꾼이었고 우리 아버지와 마찬가지로 육체노동으로 돈을 버는 사람이었다. 그러나 수치 아버지는 개인 근로자가 아니라 인력거 운수업체에 소속한 근로자였다. 그 당시에는 개인 근로자가 거의 없었다.

나와 수치는 서로의 어머니를 '큰어머니'라고 불렀다.

우리 어머니는 수치의 부모를 만나 본 적이 없지만 그의 부모를 진심으로 존경한다고 했다.

어머니는 나에게 이렇게 말한 적이 있다. "수치 부모님은 정말 대단해. 딸 네 명 모두 잘 키웠어. 그들에 비하면 어머니로서 나는 너무나 실패한 것 같아. 수치 부모님은 어떻게 애들을 그렇게 잘 키웠을까?"

어머니가 그렇게 말할 때 얼굴에 좌절감이 가득했다.

실은 어머니가 그런 말을 하기 전에는 나는 내심에서 수치의 부모에 대해 늘 존경해 왔다. 내 친한 친구의 부모에 대해 나는 당연히 존경해야 할 것이다. 그러나 나는 그 전에 단 한번도 그들이 대단하다고 생각하지 않았는데 그날 어머니의 말을 듣고 나서 꼼꼼히 생각해 보니 수치의 부모가 정말 대단하다고 느꼈다.

그러나 나는 어머니가 자책하는 것을 원하지 않았다.

"엄마, 형이 아픈 것은 엄마 잘못이 아니에요." 그때 나는 어머니에게 이렇게 위로해 드렸다.

그러나 어머니가 되물었다. "그럼 그건 누구의 잘못일까? 너희 아버지의 잘못인가? 물론 아버지가 편지를 써서 너네 형을 뭐라 한 적이 있었지. 근데 생각을 해 봐. 너희 아버지도 아버지로서의 스트레스가 있잖아!"

"저는 아버지의 잘못이라고 생각하지 않습니다. 가난이 형을 짓눌렀다고 생각합니다. 틀림없이 그런 것입니다. 엄마, 이왕 이렇게 됐으니 우리 가족은 씩씩하게 현실을 직면해야 돼요." 나는 어머니에게 이렇게 말했다.

그랬더니 어머니가 이어서 이렇게 말했다. "그런데 이 현실은 정말 직면하기 어렵다! 결국 엄마의 잘못이야. 우리집의 형편으로는 대학생을 키울 능력이 안 되는데, 엄마가 좀 일찍 이 현실을 인정해야 됐는데……"

어머니가 말하면서 깊은 자책감에 빠져들었다. 그런 상황에서 중학교 1학년 학생인 내가 어머니를 설득하기는 어려웠다.

다행히도 그 동안 수치가 매일 나를 찾아 학교에 같이 가 줬고, 그렇지 않았다면 내가 무단결석한 횟수는 더 많았을 것이다.

상황은 종종 이런 식으로 진행되었다. 어느날 나는 또 학교에 가기 싫어졌는데, 수치가 나를 찾아와서 이런 말을 해 줬다. "너네 형이 오늘 컨디션이 괜찮아 보이는데, 오늘 아무 문제 없을 거야. 걱정 말고 나랑 학교에 같이 가는 건 어때? 얼른 가자."

때로는 나는 거의 끌려 나가듯이 집을 떠났다.

한편, 우리가 이사 후 사는 집에 비하면 수치네 집은 "너무 집답지 않다"라는 말로 표현할 수 있는 것 같았다. 왜냐하면 남향이라는 점을 제외하고는 외관으로 볼 때 우리가 전에 살던 집보다 더 초라했다. 뭐라할까? 남향의 토굴과 비슷했다. 침하로 인해 지붕이 매우 낮아지고 한 번 뛰면 지붕에 올라갈 수 있는 높이였다. 다행히도 지세地勢가 높아서 비가 오는 날에 빗물이 집 안으로 새어 들어가지 못했다. 방 안은 아주 작지만 깔끔하게 정리되어 있었다.

수치의 성격이 매우 명랑한 편이고, 나는 그의 입에서 자신의 집이 초라하다고 원망하는 말을 단 한 마디도 들은 적이 없다. 가끔 나는 수치와 이야기를 나눌 때 그의 마음속에 초라한 집에 대한 솔직한 생각을 슬쩍 물어봤는데 그는 이 주제에 대해 할 말이 없는 듯 동문서답하기 일쑤였다. 처음에 나는 그가 의도적으로 이 화제를 피하고 있다고 생각했는데, 나중에 내 생각이 틀렸다는 것을 깨달았다. 그는 확실히 현재를 소중하게 여기며 즐겁게 사는 스타일이고, 낙천적인 성격을 타고난 아이였다.

한번은 우리 둘이 학교를 마치고 집에 돌아오는 길에서 한 가정이 정원이 달린 새 집으로 물건을 옮기고 있는 것을 보았다. 그 집은 아름다운 러시아식 주택이었다.

나는 수치에게 물었다. "그 주택이랑 정원은 어때?"

"좋지."

그는 내 질문이 이상하다듯이 나를 쳐다보며 말했다.

나는 이어서 물었다. "부럽지?"

"그건 질문이라고 해? 부럽지 않다고 대답하는 사람은 바보가 아니야? 아이고, 하늘 봐! 해가 저물지도 않는데, 달이 이미 떴네! 옛말에 이런 현상을 뭐라는지 알아? 해와 달이 얼굴을 맞댄다는 거야." 그는 재빨리 화제를 다른 것으로 돌렸다.

그때 나는 그의 낙천적인 성격은 그가 잘 나가는 누나 네 명 덕분이라고 생각했다. 그러나 나에게 단지 형 한 명밖에 없었다. 그것도 정신에는 이상이 있는 형이었다!

그래서 수치와 함께 있으면 나도 모르게 가끔 우울해지기도 했다. 물론 더 많은 경우 그의 명랑한 성격에 영향을 받아서 나는 집안일을 잠시 잊을 수 있었다.

수치가 네 명의 누나가 있기 때문에 그는 집안일에 대해 전혀 걱정할 필요가 없었다. 이것도 나에게 일종의 행운이라고 여겨졌다. 집을 수리하는 일, 즉 원래 어른들이 하는 일들을 그의 아버지가 주말 쉬는 시간에 혼자 조금씩 조금씩 다 할 수 있었고, 수치는 옆에서 조금만 거들어 주면 됐다. 수치네 집은 집안일이 그렇게 많지 않아 그의 어머니가 혼자서 거의 다 맡아서 할 수 있으니 그는 공부에 몰두할 수 있었다. 더군다나 수치는 똑똑해서 학업 성적 순위가 늘 10등 안에 들었고, 때로는 4, 5등을 차지하기도 했다. 그럼에도 불구하고 그는 무단결석을 자주 하는 나에게 늘 진심으로 대해 주고 보살핌을 베풀어 줬다.

그의 누나와 매형이 부모를 보러 집에 올 때마다 과자, 과일, 우유사탕, 소시지 등 맛있는 음식을 많이 가져왔는지, 수치는 항상 나에게 가져다 나눠줬다. 한번은 학교에 가는 길에 그는 또 주머니에서 종이로 싸인 무언가를 꺼내 나에게 줬다. 열어 보니 옥수수빵 두 조각이었다.

“정말 내가 배 고플까 봐 이랬어?” 나는 수치에게 물었다.

“새우젓 넣은 거거든.” 수치가 얼른 먹으라는 듯이 말했다.

수치는 고집이 센 면도 있었다. 그가 옳다고 판단할 때 상대방이 누가 되든 그는 반드시 그 사람과 끝까지 논쟁을 벌이곤 했다.

그 상대방이 나인데도 마찬가지였다. 어느날 학교 마치고 집에 가는 길에 우리 둘은 '가오可惡'의 '惡'자가 정확한 발음이 무엇인지에 대해 논쟁이 벌어졌고, 그 논쟁이 우리집 근처 거리의 길 어귀까지 이어졌다. 집에 도착하자마자 나는 사전을 바로 찾아 확인했는데, 과연 '가오'에서 '오'자의 중국어 발음은 'è'가 아니고 'wù'였다. 내가 틀렸고 수치가 맞았다! 이튿날 그가 나를 찾아 함께 학교에 가자고 할 때 나는 그에게 내가 틀렸다고 인정했다. 그랬더니 그가 아주 기뻐서 소리를 질렀다.

"아하! 어제 나에게 고집을 부렸더니 지금 얼굴이 빨개졌네! 실은 나도 이 일을 기억하고 있었어. 그래서 가방에 사전을 챙겨 왔거든. 근데 네가 스스로 틀렸다고 인정할 줄 몰랐어. 이젠 사전 펼쳐 너에게 보여줄 필요도 없네!" 그가 의기양양 말했다. 그리고 나서 갑자기 뭐가 생각나듯이 가방을 뒤졌다. 종이로 싸여진 찐 단호박 한 조각을 꺼내 내 손에 쥐어 줬다.

이렇듯, 두 남학생 사이의 우정을 굳게 다지는 것은 반드시 특별한 일을 통해서 이루어지는 것이 아니었다. 늘 함께 학교에 가고, 가는 길에서 스스럼없이 이야기를 나누는 것만으로도 충분했다. 세월이 가면 갈수록 나와 수치의 우정이 자연스럽게 깊어지고 결국 우리 둘은 형제처럼 지내게 됐다.

나와 수치의 이야기 중에 지금까지도 잊으려야 잊혀지지 않은 일이 하나 있었다. 중학교 2학년 겨울방학의 어느날 수치가 우리집에 찾아왔다. 그의 둘째 누나가 고구마 100킬로그램을 살 수 있 배급표 한 장 받았다는데, 우리가 수치 아버지의 수레로 그것을 실어서 끌어올 수 있다면 그 고구마의 절반을 우리집에 나눠 주겠다고 했다. 어머니가 이 소식을 듣고 매우 기뻐하여 너무 좋은 일이라고 하면서 바로 수치에게 고구마를 살 돈을 주려고 했다. 그러나 수치가 끝내 그 돈을 받지 않겠다고 했다. 집을 나오기 전에 수치 어머니가 그에게 절대 우리집 돈을 받지 말라고 신신당부를 하셨다고 했다. 내가 수치와 함께 가서 힘을 써서 고구마를 끌고 오면 된다고 했다.

그날 오후에 나는 수치와 함께 하얼빈 기차역으로 향했다.

그날 날씨가 너무나 추웠다.

우리 둘은 고구마를 빨리 실어 오고 싶었다. 만약 그날 고구마를 다 갖고 오지 못한다면 나중에 다시 가야 되고, 그러면 좋고 큰 고구마는 먼저 도착한 다른 사람들이 골라 가져가게 될 수 있으니 결국 우리가 남은 그다지 좋지 않은 것만을 가져올 수 있기 때문이었다.

우리 집에서 기차역까지는 가깝지 않았다. 갈 때 번갈아 수레를 끌면서 움직이니까 별로 춥지 않았으나 도착해서 줄을 서서 고구마를 살 때 우리의 신발이 다 얼어붙었고 발이 꽁꽁 얼었다. 그날 과연 수치의 예상대로, 만약 그날 우리가 바로 출발하지 않았다면, 도착해서 살 수 있는 고구마는 좋지 않은 고구마일 뿐이었을 것이다.

한 시간 넘게 우리가 드디어 고구마를 잘 고르고 수레에 실어서 집으로 향할 수 있었다. 그러나 얼마 가지 않았는데 어찌 된 일인지 수레 타이어 하나에 바람이 빠졌다. 계속 가면 수레 바퀴가 눌려 망가질 수도 있을 것 같았다. 그렇게 되면 그 다음날에 수치 아버지는 출근 못하게 될 것이었다. 그래서 우리가 발걸음을 멈춰 억지로 앞으로 끌고 나가지 않았다.

나는 수레를 지켜보고 수치는 수레 수리할 곳을 찾아갔다. 날씨가 너무 추운 탓에 수리점이 문을 다 닫아서 수리 가능한 곳이 쉽게 찾아지지 않았다.

30분 남짓 지난 후에 수치가 숨을 헐떡이며 달려와서 수리점을 찾았다고 했다. 그러나 수레가 더 이상 못 나가니까 어쩔 수 없이 우리가 먼저 고구마를 다 내려놓고 내가 고구마를 지키고, 수치는 빈 수레를 끌고 혼자 수리하러 갔다.

그는 수레를 끌고 수리하러 가서 상당한 시간이 걸렸다. 대략 한 한 시간 후에야 수치가 돌아왔다. 수치 말로는 타이어의 공기 주입 밸브가 망가져서 새로 교체해야 하는데 그의 주머니에 돈이 한 푼도 없었다. 그래서 그는 면장갑을 일단 수리점에 맡겼다고 했다.

그러나 문제는 나에게도 돈이 하나도 없었다. 그 당시에 중학생에게, 특히 남학생에게 돈 갖고 다니지 않은 일은 이상한 게 아니었다.

수리가 끝나고 우리가 다시 고구마를 수레에 다 실었다. 그때 수치의 두 손이 얼어서 퉁퉁 부었다.

수치의 두 손을 따뜻하게 하기 위해서 나는 내 면장갑을 그에게 주었다. 수레의 손잡이 부분이 강철로 제조되어 있기 때문에 장갑 없이 맨손으로 잡으면 곧 달라붙으니 장갑을 끼는 사람이 수레를 끌어야 했다. 앗, 참고로 수치가 수레를 끌고 왔을 때 두 손을 소매 안에 숨기고 팔로 손잡이를 눌러서 빈 차를 끌어온 것이었다.

면장갑을 낀 채로 해도 수치는 분명히 참기 어려울 정도로 추웠을 것이다. 그래서 그는 100킬로의 고구마가 실은 수레를 끌고 종종걸음을 쳤다. 나는 낄 장갑이 없어서 옆에서 따라갈 수밖에 없었다.

그러나 얼마 달리지 않아 수치가 너무 힘들어서 더 이상 뛰지 못한다고 했다. 나는 곧바로 장갑을 받아 끼고서 수레를 끌고 앞으로 나아갔다.

드디어 우리집에 도착했다. 고구마 반쯤을 내리고 나서 어머니가 수치를 붙잡았다. 그리고 서둘러 옥수수죽 두 그릇을 데워 우리 둘에게 먹였다. 죽을 마시고 나서야 온몸이 따뜻해졌다. 수치가 일어서서 우리집에서 그의 집까지 거리가 그리 멀지 않다고 하며 혼자 남은 고구마를 집으로 끌고 가겠다고 했다.

"그건 안 되지. 가는 길에서 또 무슨 사고가 나면 어떡해? " 어머니가 허락해 주지 않았다.

어머니가 걱정하는 것은 물론이고, 나도 마찬가지로 불안했다.

그래서 나는 수레를 끌고 수치의 집을 향했다. 사실은 그해에 우리집의 식량이 많이 부족한 상황이었다. 수치네 집에서 받은 50킬로의 고구마는 우리집의 식량을 어느 정도 보충해 준 것이었다. 게다가 잡곡에 비하면 고구마는 우리에게 디저트 수준으로 맛있는 것이었다. 나는 기분이 들떠서 몸도 따뜻해지니 기운이 솟았다. 가는 내내 수치가 나를 교체하여 수레를 끌려고 했지만 나는 손잡이를 꼭 잡아서 그에게 양보해 주지 않았다. 뿐만 아니라, 나는 수치를 수레에 앉혔다.

그때 해가 저물었고 날이 점점 어두워지기 시작했다. 수치도 기분이 좋아서 수레 위에서 노래를 부르기 시작했다.

그날 나는 수치가 부르는 노래를 처음 들었다.

수치네 집에 도착했을 때 날이 완전히 어두워졌고 저녁 먹을 시간이 다 됐다. 수치 부모님이 나에게 저녁 식사를 하고 가라고 말하자 수치가 내가 문 밖으로 나가지 못하도록 대문을 막았다. 그들의 성의에 나는 신발을 벗고 온돌에 올라가서 식사를 했다.

오늘날 나와 수치의 나이가 모두 70세가 넘는데 나는 수치가 노래를 부르는 것을 들은 적은 단 한 번이었다. 바로 50년 전 그때, 다시 말해서 반 세기가 넘은 그날의 밤이었다.

동창 친구 쉬옌徐彦

17

우리 반 전체 학생 중에서 쉬옌의 집이 시내에서 가장 가까웠다. 그의 집안 형편 또한 우리 반에서 가장 좋았다. 그의 부모님과 여동생은 러시아 스타일의 벽돌집에 살고 있었고, 문 앞에는 나무 계단이 있고 작은 정원도 있었다. 작은 정원에는 라일락 한 그루가 있었는데, 봄에 꽃이 필 때 온 뜰에 향기가 가득했다.

쉬옌에게는 형이 한 명 있는데, 그와 형은 큰 집 안쪽에 있는 두 칸짜리 방에서 살았다. 나는 쉬옌과 친구가 될 때, 그의 형은 군대에 입대하여 해군 병사가 되었고, 그는 혼자 그 방에서 지내게 되었다.

그의 아버지는 하얼빈시립제일병원 약제과 과장이었다. 제일병원은 그 당시에 하얼빈에서 가장 유명한 병원이었다. 어머니는 제일병원에서 수간호사로 일했다가 심장병에 걸려 일찍 퇴직했다.

내외 두 칸짜리 방 (비록 방 두 개 합치면 20여 제곱미터에 불과하지만)에 혼자 사는 학생은 전교에 아마 쉬옌밖에 없었을 것이다. 학교를 중심으로 그의 집과 내 집은 정반대 방향에 있었다.

나는 중학교 1학년 2학기부터 허가를 받은 '땡땡이 학생' 이 되었기 때문에 같은 반 남학생들과 거의 교류하지 않았고, 한 동안 우리반에서 쉬옌과 같은 학생이 있다는 것도 몰랐다.

나와 쉬옌이 친구가 된 건 수치 덕분이었다. 어느 날 학교에 가는 길에서 수치가 말했다. "너는 친구 많이 사귀어야 해."

"왜? 왜 그래야 되는데?" 나는 물었다.

"몇 몇 학우들이 너와 친구가 되길 원한대. 모두들 네 유머를 좋아한대."

"근데 난 이제 유머 이야기를 할 여유가 없는데…"

이 말을 듣자 수치가 말했다. "그게 다른 사람들과 교류하지 않는 이유가 될 수 없어. 오늘이라도 쉬엔에게 먼저 친구하자고 제안하면 안 되겠어?"

"왜?" 나는 의아했다.

"나랑 쉬엔이 이미 친구 사이니까." 수치가 이렇게 말했다.

나는 계속 물었다. "네 친구는 반드시 내 친구가 되어야 해?"

"물론이지! 먼저 너랑 쉬엔이를 친구가 되도록 하고, 나중에 다른 몇 명의 학우들과 너랑 친구가 되도록 하는 것이 나의 책임이야."

그때 나는 일부러 수치를 짜증내게 하려 했다. "쉬엔은 어디가 좋아? 굳이 우리 둘이 친구가 되어야 하는 이유가 뭐야?"

그는 정말 화가 나서 또 나와 논쟁을 벌일 것처럼 나에게 말했다. "걔는 아주 착해. 이게 부족한 이유가 되지 않겠어? 한 사람을 평가할 때 먼저 그 사람이 착한지 아닌지를 봐야 해. 착한 사람끼리 친구가 되면 착한 사람 연합이 형성되는데, 혹시 이해하지 못해? 너는 나보다 책을 많이 읽었잖아? 괜히 읽었어?"

수치가 약간 흥분되어 뒷걸음질치며 앞서 팔을 흔들면서 걷고 있었다. 마치 내가 그에게 만족스러운 답을 주지 않으면, 계속 나와 논쟁할 것처럼 보였다.

나는 그의 말에 동의한다고 할 수밖에 없었다.

수치가 쉬엔이 착하다는 것을 설명해 주기 위해 걸으면서 나에게 이런 일을 이야기했다. 어느 날 방과 후 그는 쉬엔을 따라 쉬엔의 집에 놀러 가는 길에 신발 수선 가게가 하나 보여서 거기에 수선할 신발을 맡겼다. 그리고 쉬옌의 집에서 나와 집에 가려고 했을 때 쉬옌은 그에게 바셀린 크림 하나를 주며 신발 수리 가게를 지날 때 신발 수리하는 할아버지에게 선물하라고 했다. 알고 보니 방금 쉬옌이 신발을 수리하는 할아버지의 두 손에 동상으로 인한 상처가 몇 군데가 있다는 것을 본 것이었다. 그 당시에 바셀린 크림은 쉽게 구할 수 없었다. 쉬옌이는 할아버지가 그것을 쓰면 손에 상처가 아물 수 있다 하면서 선물하기로 한 것이었다.

그날 수업하기 전에 학교 운동장 철봉 옆에서 나와 수치는 쉬옌을 만났다.

수치가 나를 쉬옌에게 밀면서 진지한 표정으로 말했다. "너희 둘이 악수하면 나의 '사명'은 이젠 끝!"

나는 먼저 손을 내밀었다.

쉬옌은 웃으며 "어른 같아." 라고 말했지만 나와 악수를 했다. 그 후에 그는 나를 한쪽으로 끌고 가서 작은 소리로 나에게 물었다. "왜 너랑 친구되고 싶은지 알아?"

나는 고개를 저었다.

그는 더 작은 목소리로 말했다. "내 여동생도 정신 질환을 앓고 있어. 이젠 겨우 초등학교 4학년인데 '동면령冬眠靈' 없이 잠을 못 자."[1]

•

1 동면령은 항정신분열제 중의 하나이다.(엮은이 주)

나는 깜짝 놀랐다.

그는 이어서 말했다. "수치를 포함해서 이 일을 나는 어느 친구에게도 말한 적이 없어. 왜냐, 좋은 일이 아니니까 괜히 이 사람 저 사람한테 말할 필요가 없어. 앞으로 우리 둘이 서로 대처 방법을 공유하자. 형이든 여동생이든 그런 병에 걸리면 누구나 마음이 편치 않아. 일상 생활을 어떻게 다뤄야 하는지 겪고 나서의 노하우가 필요해. 게다가 '동면령'은 우리 마음대로 살 수도 없고 증명서류가 있어야 살 수 있잖아. 그런데 서류가 있어도 매번 여섯 알밖에 살 수 없어. 그게 두 번만 복용할 수 있는 양이고. 음…일단 우리 아버지를 너한테 소개 시켜줄게. 그러면 '동면령'을 구하는 것이 좀 편리해질 거야."

그의 말에 나는 매우 감동을 받았다.

그 후에 나는 쉬엔의 집에 놀러 간 적이 있다. 그 집에는 의약품 캐비닛이 있었고, 그 안에는 각종 상비약이 있었다. 그 약은 쉬엔의 가족들을 위해 준비된 것이기도 하지만 이웃들을 위한 것이기도 했다. 그의 아버지가 병원에서 일하면 이웃들을 챙기는 것이 당연하다고 생각해서 그약을 준비해 뒀다고 말했다.

나중에 우리 어머니도 쉬엔의 집에 간 적이 있는데 쉬엔 부모님으로부터 따뜻한 환대를 받았다. 그 후로는 형이 필요한 약물인 '동면령'을 구하는 일이 쉬워졌다. 쉬엔 아버지 덕분에 한 번에 한 병을 구할 수 있었다.

그리고 그 후, 중학교 시절에 나는 여러 남학우의 집에 놀러갔고, 여러 남학우의 부모님을 만났다. 그들은 나의 친구가 된 후에 우리 형이 정신질환이 있다는 것을 알고도 꺼리지 않고 종종 우리 집에 와서 책을 골라 읽었다. 비록 우리 사이의 관계는 매우 가까웠지만 서로의 부모님이 만난 적은 없다.

어머니는 우리 집에서 가장 가까운 내 친구 수치네 집에 가 본 적이 없다. 그러나 쉬옌의 집에는 여러 번 가봤다. 아마도 같은 병에 걸린 자식들이 있기 때문에 서로 더 많은 이야기를 나눌 수 있었던 것 같다.

여름의 어느 날 저녁에 어머니는 쉬옌의 집에 가셔서는 8시 반이 지났는데도 돌아오지 않았고 밖에는 가랑비가 계속 내렸다. 쉬옌네 집으로 어머니를 데리러 갈까 했는데, 어머니가 이미 쉬옌의 집을 떠나 나하고 길이 엇갈리면 헛걸음되니까, 어찌하면 좋을지 망설이고 있을 때 쉬옌은 어머니를 집 앞까지 데려다 주었다. 어머니는 쉬옌네 집 누군가의 비옷을 입고 왔고 쉬옌은 우산을 쓰고 왔다.

나는 어머니를 부축하여 집에 들어오면서 쉬옌에게 집에 잠깐 들어와서 비가 그치는 것을 기다리라고 했다.

"아니야, 너무 늦으니까 당분간 비는 그치지 않을 것 같아 보여. 아주머니하고 버스 세 정거장을 타고 왔는데 아주머니는 거의 젖지 않았어. 그런데 길의 여기저기가 물웅덩이라 날도 어둡고 잘 안 보여서 아주머니 신발에 물이 들어갔을 거야. 취침 전에 반드시 아주머니께 뜨거운 물로 발을 담가줘야 해. 집에 생강 있으면 생강 몇 조각을 넣어, 그게 한기를 몰아내는 데 도움이 돼." 쉬옌이 문 밖에서 이 말을 하고 되돌아 갔다.

"비옷 안 가지고 가도 돼?" 나는 방 안에서 큰 소리로 물었다.

그는 돌아보지 않고 나가면서 말했다. “일단 너네 집에 놔 둘게. 나중에 놀러올 때 가져갈게.”

한편, 쉬엔은 일찍이 나에게 이런 말을 해 준 적이 있다. “정신적 질환은 왕왕 평생 동안 치료 받아야 하는 병이야. 만약 내 부모님이 안 계시면, 나와 우리 형은 여동생을 돌보는 책임을 져야 해. 그때 능력 좋은 사람은 더 많은 책임을 져야 할 거고, 너도 이런 각오를 갖고 있어야 할 것 같아.”

바로 쉬엔의 그 말의 영향으로 몇 년 후에 나는 반에서 첫번째 하향운동 지원자 중의 한 명이 되었다. 그때 내 계획은 내가 베이다황에서 독립적 숙소를 가지게 된 후에 형도 베이다황에 데려가는 것이었다. 내가 형을 돌보고 어머니를 스트레스의 무한 굴레에서 벗어나게 하는 것이었다. 그리고 광활한 베이다황에서 아마도 형의 병이 점차 나아지지 않을까 싶었다.

쉬엔의 형이 군대에 입대했기 때문에 사실상 쉬엔은 집안의 외아들이 되었다. 그러므로 그는 도시에 남아 직업분배제도를 통해 일자리를 얻게 되었다.

내가 시골에 내려가기 전에 그와 반 친구들이 기차역까지 와서 나를 배웅할 때 그가 진지하게 나에게 한 말들이 아직도 기억난다. “명절 때 나는 꼭 아주머니 뵈러 너네 집에 자주 갈게. 아니다. 꼭 명절이 아니어도 평소에도 너네 집에 자주 들를게.”

내가 농촌에 내려가고, 그리고 그 후에 대학에 들어간 그 10년 동안 쉬엔은 과연 그때 말한 대로 했다. 그리고 내가 농촌에 내려간 이듬해에 수치도 라오허饒河 생산대에 들어갔다. 쉬엔은 늘 우리 집에 가서 어머니를 찾아뵌 후 수치네 집에 가곤 했다.

쉬옌은 나와 반세기 넘게 우정을 나눈 친구 중의 한 명이다. 아니, 이제 더 오래된 친구가 되었다.

그래서 나는 종종 생각한다. 반세기 이상 함께한 중학교 동창들, 이런 우정은 계속 이어갈 수 있어서 너무나 좋고 소중하다. 비록 상산하향운동으로 인하여 우리도 한때 헤어지게 되고, 그리고 그 후에 나는 베이징에 거주하게 되어 몇 년 만에 한 번쯤 만날 수 있지만, 만날 때마다 중학교 시절처럼 그렇게 친했다. 이 우정은 정말 소중하다. 이것은 삶이 주는 선물이니까 나는 내 삶에 감사해야 한다고 생각한다!

베이다황에 있을 때 형은 두 번 입원했는데 모두 쉬옌 아버지의 도움으로 들어갈 수 있었던 것이다.

그러므로 나도 늘 이런 생각을 한다. 우리 두 집안의 형편은 너무나도 다르고, 우리 어머니와 쉬옌의 부모도 정말 다른 환경에 있는 부모인데, 어찌 양가가 이런 깊은 정을 쌓을 수 있었을까? 두 가족 모두 같은 종류의 환자가 있어서 그런 건가? 분명히 이것이 이유가 되기도 하지만 나와 쉬옌이 중학생 시절에 좋은 친구가 된 것도 이유 중의 하나가 되겠지?

이렇게 생각하면 지금의 나는 자신의 성장 과정에 대한 추억에서 근심뿐만이 아니라 따뜻함도 함께 느낀다.

동창 친구 양즈쑹楊志松

18

나와 즈쑹의 우정은 중학교 2학년 2학기 때부터 시작되었다. 또한 즈쑹 덕분에 수치와 친구가 되었다. 내성적인 성격을 가진 나와 쉬옌에 비해 행복지수가 매우 높은 수치는 그때 반 남학생들 대부분과 친구가 되었다.

즈쑹네 집은 학교에서 아주 가까워서 10여 분이면 학교에 도착할 수 있었다. 학교는 고지에 있고 즈쑹네 집이 있는 거리는 경사지에 있으며 세로로 길게 이어지는 모래길이 경사지에 있는 가로 방향의 거리를 가로질렀다. 즈쑹네 집은 가로 방향 거리 중의 한 거리에 위치하고 있으며 사거리에 가까웠다.

거리에서는 즈쑹네 집이 보이지 않았는데, 이는 길가에 늘어선 집들이 그의 집을 가리고 있었기 때문이다. 거리에 위치한 두 줄의 집들 사이의 산벽 간격을 통과해야만 그의 집에 갈 수 있었는데, 그 간격은 손수레가 통과할 수 있을 정도의 넓이였다. 좁은 통로를 지나간 후에 다른 '광경'이 펼쳐졌다. 우선 눈에 들어온 것은 3~4미터 높이의 황토 흙벽인데 벽은 매우 가파르고 표면이 평평하게 파져 있었다. 흙벽 위에서 앞 거리에 위치한 집들의 지붕과 나뭇가지로 둘러싸인 작은 뒷마당이 보였다. 그 황토 흙벽의 높이가 바로 앞뒤 두 거리의 경사 낙차였다. 흙벽 밑에는 몇 가닥의 밭두둑이 있는데, 봄, 여름, 가을에는 다양한 종류의 야채가 거기에서 자랐다.

이때 돌아서지 않으면 즈쑹네 집이 어디에 있는지 볼 수 없었다. 돌아보면 즈쑹네 집이 보이는데 한 줄로 늘어선 아주 낮은 진흙집, 언덕 모양의 볏짚 지붕은 여러 해 동안 바꾸지 않은 것처럼 보였다. 가운데는 부엌이고 좌우 두 칸은 각각 거실이며 모두 온돌이 설치되어 있었다. 진흙집 앞에는 모래 평지가 있었고 잡다한 물건이 쌓여 있었다.

그 당시에 즈쑹 일가족 여섯 명이 그 집에 살았는데, 그의 부모와 여동생은 한 방에 살았고, 형 둘과 즈쑹이는 다른 한 방에 살았다.

이렇게 보았을 때 즈쑹네 집은 성도省都에 위치한 집이라고 생각하지 않은 사람이 분명 있을 것이다.[1] 시골 집 느낌을 주는 데다가 주변 환경이 매우 독특한 시골 집 같았다!

그 당시에 하얼빈시에는 즈쑹, 수치, 그리고 나와 같은 일반 근로자 가정이 모여 사는 동네에서 시골 집과 유사한 집들이 많았다.

그리고 그때 즈쑹의 큰 형은 결혼할 나이가 다 되었는데, 신혼집을 따로 마련할 수 없어서 노총각이 되었다. 즈쑹의 둘째 형은 기술전문학교에 다니고 있었다.

즈쑹에게는 다른 곳에서 살고 있는 결혼한 누나가 한 명 있었다. 그 누나는 하얼빈 제5중학교에서 수학을 가르치는 우수한 선생님이었다. 그러나 오늘의 말로 표현하면, 즈쑹은 누나에 대해 매우 겸손한 태도를 취했다. 왜냐하면 그는 단 한 번도 교직원 누나에 대한 이야기를 먼저 꺼내지 않았다. 그 시절에 어느 집안에 중학교 교사가 한 명 나온다 하면 그 집안은 지식층 축에 들어가며 꽤 높은 사회적 지위를 가진 것으로 간주될 수 있고, 사람의 자부심을 충족시킬 수 있는 일이었다. 즈쑹은 허영심이 전혀 없는 것 같았다. 그의

---

1 성도는 중국 행정구분으로서의 성省의 정부가 소재하는 도시를 뜻한다.(역자 주)

누나가 우수한 교사라는 것을 아는 학우가 그의 누나에 대해 물었을 때, 그는 종종 두세 마디로 말을 돌려 화제를 바꿨다.

즈쑹의 아버지는 수치의 아버지와 같이 화물 수레를 끄는 인력 운수공이었다. 그 당시에 그의 아버지가 거의 60세에 이르렀으며, 친하게 지낸 우리 몇몇 학우들의 아버지 중에서 나이가 가장 많았다.

한편, 즈쑹은 우리 몇 명 학우 중에서 가장 먼저 집을 위해 돈을 벌 능력을 가진 사람이었다. 아마도 반 전체, 심지어 전교에서 그런 능력을 가진 학생은 그 혼자일 것이었다.

대부분의 일요일에 즈쑹은 큰형이나 둘째 형과 함께 그의 아버지를 대신하여 수레운송 일을 하곤 했다. 형제 둘은 나이 드신 아버지보다 더 많은 횟수를 운송할 수 있었기 때문에 더 많은 돈을 벌었다. 겨울 방학과 여름 방학에 중학생인 그는 거의 한 달 내내 아버지를 대신하여 일했다. 어떻게 보면 그는 중학교 2학년 학생이면서 육체노동자가 되는 셈이었다. 즈쑹은 아버지 대신 일할 수 있는 것은 자랑스러운 일이라고 생각했을 것이다. 내가 보기에도 즈쑹은 적어도 가족들에게는 자랑스러운 아들이라고 생각했다. 나도 그런 기회가 있었으면 좋겠는데, 그런 일은 나에게 환상일 수밖에 없었다.

중학교 2학년 1학기 여름 방학 때 즈쑹은 그의 형 한 명과 함께 백 위안을 넘게 벌었다고 수치에게 들었다. 백 여 위안이라니! 계산해 보면 그가 가족을 위해 오십 여 위안을 벌었고, 그 돈은 그 당시에 우리 대다수 학우들의 아버지들의 한 달 월급 정도였다.

수치의 말을 들은 이후 나는 며칠 동안 같은 꿈을 꾸었다. 가족을 위해 수레 끌고 일하고 돈 버는 사람이 나였고, 옆에 나와 함께 힘을 쓰는 사람은 바로 즈쑹인 꿈이었다.

그 때 형이 병에 걸렸기 때문에 집에 언제나 '어른'이 함께 있어야 되는 상황이었다. '어른'이란 형을 돌볼 수 있는 사람, 즉 우리 어머니를 제외하고는 나 밖에 없었다. 어머니는 이미 동네에 있는 공장에서 계속 일할 수 없게 된 상황이었고, 집안의 총수입에서 어머니가 이전에 번 20여 위안이 줄어들었다. 그때 아버지의 월급은 이미 전보다 줄어들었고, 어머니가 벌었던 20여 위안이 줄어들면서 우리 가족의 생활은 더욱 어려워졌다.

중학교 2학년 1학기부터 나는 장학금을 받는 학생이 되었다. 학기당 3위안의 지원금, 그리고 학비 면제 혜택을 받을 수 있었다.

나는 특별한 '농땡이 학생'이자 학업 성적이 꼴찌에서 몇 등인 학생인데 장학금을 받고 있다니! 이것은 나로 하여금 심리적 스트레스를 엄청 많이 받게 했다. 장학금을 마음 편하게 받을 수 있도록 내가 최대한 할 수 있는 일은 단지 가능한 한 학급이나 학교에서 진행하는 많은 활동에 참여하는 것이었다.

즈쑹은 나와 달리 중학교 1학년부터 2학년까지 병결도 없었고 무단결석을 한 적도 물론 없었다. 그리고 그는 매우 똑똑해서 학업 성적이 줄곧 10등 안에 들었다.

그는 단체 활동에 거의 참가하지 않았다. 대부분의 단체 활동은 일요일에 진행됐는데, 그 시간은 그가 가정을 위해 돈을 버는 시간이었다. 이에 대해 손 선생님은 누군지 이름을 밝히지 않은 식으로 그를 꾸중했다.

선생님에게 몇 마디 꾸중을 들은 후 그는 한 번 전교 체육대회에 참가했고, 단거리 달리기에서 소재 학년 2등의 성적을 냈다.

마침 그날 내 주머니 안에 0.5위안이 있었다. 다만 나는 이 0.5위안이 어떻게 내 주머니 안에 들어 있는지 전혀 생각나지 않았다. 축하의 마음을 표하기 위해, 또한 어린 나이에 집안을 위해 나가서 돈을 벌어온 '자랑스러운 일'을 한 즈쑹에게 경의를 표하기 위해 나는 그 돈을 꺼내 한 개에 0.05위안의 막대 아이스크림을 사려고 했다.

그때 함께 있던 사람은 즈쑹뿐만 아니라 수치, 쉬옌 및 나와 친하게 지낸 다른 두 명의 학우, 총 여섯 명이 있었다. 그들은 모두 나에게 막대 아이스크림을 사준 적이 있었다. 나도 가끔 그들에게 아이스크림을 사주면 모두 기뻐할 것이었다.

"네가 돈을 냈으니 사오는 일은 내가 할게." 즈쑹이 말했다.

그는 내 손에서 돈을 받아가는 동시에 또 다른 친구 두 명이 우리에게 걸어왔다.

즈쑹은 작은 소리로 나에게 물었다. "어떡하지?"

"껴 주지 뭐. 그들 포함해서 사와." 나는 이렇게 대답했다.

즈쑹은 빨리 뛰어갔다. 얼마 지나지 않아 막대 아이스크림 여덟 개를 들고 왔다. 우리 여덟 명이 맛있게 아이스크림 빨아 먹고 있을 때 즈쑹은 조용히 나에게 0.1위안을 돌려줬다.

우리가 아이스크림을 먹는 모습이 한 여학생에게 보여서 결국 반에서 소문이 났다. 그리고 그 여학생은 선생님에게 가서 이 일을 일러바쳤다.

장학금 수혜 대상이 아이스크림을 사 먹는 것도 모자라 다른 일

곱 명의 학생들에게 비싼 아이스크림을 한 턱 쐈다니! 그 당시에 이것은 매우 심각한 일이었다. 만약 선생님이 이 일을 알고도 해당 학생을 꾸짖지 않았으면 틀림없이 직무과실로 판정 받을 것이었다.

손 선생님은 이름 밝히지 않는 형식으로 반 회의에서 그 일에 대해 엄숙하게 나무랐다.

그러나 선생님의 말이 끝나자마자 양즈쑹은 할 말이 있다고 손을 들었다.

선생님의 허락을 받자 그는 일어나서 친구들에게 아이스크림을 사준 사람은 내가 아니라 본인이라고 말했다.

손 선생님은 즈쑹의 말을 듣고 잠시 고민하다가 모두를 바라보며 이렇게 말했다.

"선생님이 잘 알지도 못해서 샤오성에게 꾸중을 했네요. 방금 한 말을 취소하고 량샤오성 학생에게 사과할게요. 여러분도 이 일을 잊어주세요."

그런데 나는 선생님이 양즈쑹의 말을 전혀 믿지 않는다는 것을 알아챘다.

수업이 끝난 후에 선생님은 나를 남겨뒀다. 형의 병세가 어떠냐고 물어본 후 선생님이 이렇게 말했다. "방금 선생님이 한 말을 너무 마음에 두지 마라, 알았지?"

그 말을 듣고 나는 내 방금의 판단이 옳다는 것을 더 확신했다.

그때 내 마음이 너무 복잡해서 눈물을 못 참을 뻔했다.

그리고 이틀 동안 결석을 하고 다시 학교에 갈 때 나는 손 선생님에게 편지를 드렸다. 내용은 몇 줄밖에 없었다. 나는 선생님에게 장학금 대우를 취소해 달라고 한 것이었다. 그런데 이유에 대해 한 마디도 설명하지 않았다.

선생님은 그 내용을 보고 종이를 접으면서 물었다. "어머니는 알고 있니?"

"어머니도 동의했습니다." 나는 거짓말을 해서 그런지 얼굴이 금방 붉어졌다.

선생님은 눈썹을 살짝 찌푸리고 이어서 말했다. "학생들에게 아이스크림을 사주는 일은 선생님에게 이미 지나간 일이 됐다. 하지만 네가 선생님 앞에서 거짓말을 하는 것은 정말 안 좋은 것 알지? 만약 선생님이 네가 한 말을 믿어주면, 선생님과 학부모 사이의 얼마나 큰 오해를 불러일으킬 수 있을까?"

이렇게 말하면서 선생님은 그 종이를 매듭으로 접어서 내 주머니에 집어넣었다. 나는 너무 부끄러워 쥐구멍에라도 들어가고 싶을 심정으로 몸을 돌려 도창치고 싶었다.

"내 말이 아직 안 끝났거든." 선생님이 나를 불러세워 이어서 말했다. "너는 비록 매일 학교에 오지 못하더라도 학업을 포기하면 안 되지. 집에서 스스로 열심히 공부해야 하는 각오가 있어야 돼. 나는 네가 중학교를 졸업한 후에 하얼빈사범학교에 입학해서 공부하고 나중에 초등학교 국어 선생님이 됐으면 좋겠다. 네가 선생님의 조언을 받아들인다면, 이제부터 자포자기 그만하고 반드시 꿈을 이룰 수 있도록 노력하겠다고 어머니하고도 약속해. 어머니에게 약간의 위안이라도 꼭 해 드려. 선생님의 제안을 받아줄 수 있니?"

나는 "네!" 하고 눈물을 참다 못해 펑펑 쏟았다.

나는 정중하게 선생님에게 인사를 하고 떠났다. 그리고 나의 장학금은 취소되지 않았다.

"아이스크림 사건" 이후 나와 양즈쑹은 좋은 친구가 되었다. 그렇다. 친구가 될 수밖에 없었다.

그 뒤에 한번은 단둘이 있을 때 나는 그에게 나중에 돈 벌 기회가 생기면 나도 껴 달라고 간절히 부탁했다.

그는 나를 훑어보며 말했다. "너는 그런 일을 못해. 정말 힘든 일이거든. 중학생이 할 수 있는 일이 아니야."

"네가 할 수 있는데 나도 물론 할 수 있어." 나는 이렇게 우겼다.

"나도 나 혼자면 못하지. 둘째 형이 같이 해 주고 있잖아." 즈쑹은 이렇게 말했다.

"그럼 나 대신 형에게 한번 부탁하면 안 돼? 나도 데리고 가."

나의 말에는 그는 난색을 드러내며 말했다. "그렇게 되면 원래 한 사람이 받는 돈은 세 사람에게 나눠야 하는데…나는 별로 싫지 않지만, 우리 둘째 형이 그렇게 해 주려나? 아마 어려울 것 같아."

그러자 나는 더 이상 할 말이 없었다.

그의 말은 결코 우리 두 사람의 우정에 영향을 끼치지 않았다. 다시 생각해 보면 나는 충분히 그의 생각을 이해할 수 있었고, 그가 말한 것도 사실이었다.

그 해 여름 방학이 시작하고 며칠 지나지 않았을 때 즈쑹이 우리 집에 와서 며칠 후에 그와 같이 돈 벌러 갈 수 있다고 말해 줬다. 나는 기뻐서 무슨 말을 해야 할지 몰라 그저 그가 떠날 때 멀리 배웅해 줬다.

즈쑹이 나간 후에 어머니는 물었다. "꼭 그 일을 해야 돼? 확실해?"

나는 곧바로 대답했다. "엄마, 내가 얼마나 우리 집을 위해 돈을 벌고 싶은지 모르겠어요?"

어머니는 이어서 물었다. "그렇게 하면 친구하고 그의 형에게 폐를 끼치지 않을 것이라는 확신 있어?"

"그럴 리가요. 즈쑹이가 먼저 찾아왔잖아요!"

그랬더니 어머니는 더 이상 아무것도 물어보지 않았다.

다음날 어머니는 아침 일찍 일어나서 전병 두 개를 부쳐 줬다. 나는 전병과 순무장아찌 반 조각과 오이 한 개를 가지고 활기 넘치는 모습으로 집을 나섰다.

나와 즈쑹, 그리고 그의 둘째 형은 시내의 한 과자 공장 정원에서 모였는데, 우리가 해야 할 일은 수레로 상자로 포장된 과자를 기차역으로 운송하는 것이었다. 이 과자는 열차에 실어서 북한으로 수출된다고 했다.

과자 공장은 기차역에서 그리 멀지 않았고, 상자로 포장된 과자도 그리 무겁지 않아 첫날의 일은 나와 즈쑹에게 홀가분했다. 나는 이미 류수치와 수레로 고구마를 운송한 경험이 있었기 때문에 수레를 끄는 일은 나에게 그리 어려운 일이 아니었다. 두 번 배송하고 나서 즈쑹의 둘째 형은 자신이 없어도 되겠다 싶어서 먼저 집으로 돌아갔다.

연이어 삼일 동안 우리는 과자를 나르는 일을 했는데 아무 차질이 없었다. 다만 마지막 날에 갑자기 가랑비가 내렸는데 그것은 정말 예상치 못한 상황이었다. 수레에 덮개가 없는데 우리 둘은 과자 상자가 젖으면 책임 져야 할까 봐 얼른 상의를 벗어 상자를 덮었다. 그러나 중학생 두 명이 입는 상의로 어떻게 그 많은 상자를 다 덮을 수 있겠는가? 결국 우리는 겉 바지까지 벗을 수밖에 없었다. 반바지만 입은 두 중학생이 과자 상자가 실린 수레를 끌고 빠르게 달리는 모습은 사람들의 관심을 끌었고, 일부 어른들이 우리 둘을 향해 엄지손가락을 세우기도 했다.

넷째 날부터는 비누를 운송하는 일을 했다. 비누 공장에서 생산된 비누들 각 지역 상점으로 운송해야 했다. 비누 한 상자가 과자 한 상자보다 훨씬 무거워서 나와 즈쑹이 옮기기는 힘들었다. 다행히도 즈쑹의 둘째 형은 그 날 무엇을 운반해야 할지를 미리 알고 있었기에 제때에 나타나 '복마'의 역할을 해 줬다. 그렇지 않았으면 나와 즈쑹은 할 방법이 없어 그날 일을 포기하고 말았을 것이다. 비누 공장은 다오리구에 있는데, 그 비누들을 다오와이구道外區의 각 상점으로 운송해야 했다. 게다가 하얼빈은 남쪽이 높고 북쪽이 낮은 도시로 다오리구에서 다오리구道裏區로 가는 길은 오르막이 많고 평지가 별로 없었고 비탈길을 피하려고 해도 불가능했다. 즈쑹의 둘째 형이 수레를 끌고, 나와 즈쑹이는 갈고리가 달린 밧줄로 잡아당겼다. 하루에 세 번 운송해야 하고 횟수를 못 채우면 임무 미완성으로 간주됐다. 그날 나는 '안간힘을 다 썼다'라는 것이 대체 어떤 느낌인지, 그리고 '돈을 버는 것이 쉽지 않다'라는 말의 의미를 몸소 확인했다. 집에 돌아오니 너무 힘들어서 움직이기 싫었다.

어머니가 나를 보고 "너무 힘들면 무리하지 마라." 라고 했다.

"즈쑹이가 할 수 있으면 나도 당연히 할 수 있어." 나는 이렇게 말했다.

어느 날 나는 집에 돌아올 때 어머니가 이웃집 아주머니와 하시는 이야기를 들었다. 다행히 어머니가 이웃들과의 사이가 좋아서 이웃 아주머니들이 늘 어머니에게 앞을 보고 살라고 권했다. 그렇지 않으면 어머니는 분명 우울증에 걸렸을 것이다.

옆집 아주머니는 나를 보고 어머니에게 물었다. "둘째 아들이 돈을 벌기 위해 학교를 그만둔 것은 아니지요? 그렇다면 샤오성 어머니 잘못하는 거예요. 그건 아이의 일생을 망치는 것과 다름이 없어요."

어머니는 말했다. "아니에요. 걔 친구들과 함께 방학 때 잠깐 알바하는 겁니다."

나도 곧바로 내가 일하면서 공부하고 있다고 말했다.

그랬더니 옆집 아주머니는 나보고 철이 들었다, 생각이 있다고 칭찬하면서 집 안으로 들어가 안전 장갑 한 켤레를 꺼내 나에게 선물했다.

그 순간 나는 갑자기 내가 어른이 되었다는 느낌이 들었다.

며칠 동안 비누를 운송한 후에 우리는 술지게미를 운송하는 일을 시작했다. 술 공장 옆에는 커다란 시멘트 구덩이가 있는데, 술을 빚는 과정에서 나오는 묽은 술지게미가 구덩이에 가득 쌓여 증기와 열기가 계속 올라왔다. 비누를 운송하는 것에 비하면, 술지게미를 운송하는 일은 상당히 번거로웠다. 먼저 수레에 쇠로 만든 네 개의 큰 통을 고정시킨 다음에 구덩이에 서서 공장에서 제공해 준 긴 손잡이의 국자로 술지게미를 한 숟가락 한 숟가락 철통 안에 퍼 놓은 다음에 나무 뚜껑을 덮어야 했다. 공장을 나갈 때 바닥에 설치된 저울로 수레와 운송물의 총 무게를 재야 했다. 만약 무게가 부족하면 분명 어느 철통에 내용물을 가득 채우지 않은 뜻으로, 운송인이 게으름을 피웠다는 의심을 받을 수 있으므로 얼른 구덩이에 돌아가 다시 술지게미를 퍼 넣어야 했다. 술지게미를 운송하는 모든 사람은 너나없이 도로 구덩이에 가서 술지게미를 푸는 일을 피하려니까 모두 술지게미를 철통에 '가득가득'하게 담았다. 우리도 예외가 아니었다.

술지게미는 근교의 양돈장으로 보내야 했는데 술공장에서 양돈장까지 약 십이, 삼리里쯤 떨어져 있었다. 매일 두 번씩, 즉 오전에 한 번, 오후에 한 번 운송해야 했다. 술지게미 네 통이 비누 가득 찬 한 수레보다 더 무거워 성인도 하루에 세 번까지 운송하기 어려울 정도였다. 그러나 시간상으로는 집에 좀 일찍 돌아올 수 있었다.

우리는 대여섯 날 동안 술지게미를 운송했다. 옷에 술지게미가 다 묻었다. 어디를 가든지 술지게미 냄새를 풍기곤 했다. 나는 냄새가 난 옷을 입고 집에 들어가지 않으려고 문 밖에서 옷을 갈아입고, 그 다음날에는 냄새나는 옷을 입고 일하러 나갔다. 몸에서 나오는 특이한 냄새로 인해 다른 행인들이 나를 흘끔거리는 것을 피하기 위해 나는 걸을 때 인도에서 걷지 않고 도로 양측 가장자리를 따라 걸었다. 어머니가 몇 번이나 옷을 빨아 주려고 했는데 나는 거부했다. 왜냐하면 그 옷은 세탁하기도 힘들고 세탁할 필요도 없기 때문이었다.

우리가 술지게미를 운송하는 일이 끝난 후 (아니, 정확히 말하자면 나와 즈쑹의 일이 아니라 즈쑹 아버지의 일이다. 우리 셋은 단지 14일 동안 즈쑹 아버지를 대신하여 했을 뿐이었다) 즈쑹의 둘째 형이 나에게 밥을 한 끼 사줬다. 주식은 만두였다. 그 당시에 개인이든 작은 식당이든 고기를 사려면 배급표가 있어야 했던 시절이었다. 우리가 시켜 먹은 만두는 고기가 들어가지 않은 계란 애호박 소의 만두였다. 고기가 없지만 그래도 진정한 만두였다. 그 안에 말린 새우도 들어가 있었다! 계란, 말린 새우, 만두, 이는 모두 우리가 평소에 먹을 수 없는 것이었다.

즈쑹의 둘째 형은 나에게 말했다. "양껏 먹어라."

그날 나는 배터지게 실컷 먹었다. 먹고 난 후에 계속 트림을 할 정도였다.

그리고 그날 나는 13.5위안을 받았다. 즈쑹 형제는 세 사람에게 고르게 나눠주는 계산법으로 나에게 품삯을 준 것이었다. 나는 미안해서 즈쑹의 형이 으레 몇 위안을 더 받아가야 한다고 주장했다.

즈쑹이 형은 말했다. "그럴 필요가 없어. 넌 내 동생 친구잖아."

이 말을 듣고 나는 더 이상 말을 못했다.

그랬더니 즈쑹이 형이 이어서 말했다. "음…그럼, 우리 이제 일 그만하자. 다음에는 없는 거다."

나는 비록 나중에 또 기회가 있기를 바라고 있지만 어찌 그런 말을 꺼낼 수 있겠는가? 나는 고마운 마음으로 고개를 끄덕였다.

우리 어머니는 예전에 한 달 동안 일하면 기껏해야 18, 19위안 정도만 벌 수 있었고, 20위안을 벌 때는 아주 적었다. 그러나 중학생인 나는 14일 동안 일했는데 뜻밖에 13.5위안을 벌었다. 이 일은 나로 하여금 어른들이 돈을 버는 것이 쉽지 않다는 것을 느끼게 했을 뿐만 아니라 뿌듯함도 함께 느끼게 했다. 한편 일한 후에 나는 눈에 띄게 살이 빠졌다. 14일 사이에 내 몸무게가 서너 근 정도 줄었다.

어머니에게 내가 번 돈을 드렸을 때 어머니는 웃으면서 눈에도 눈물이 글썽였다.

어머니는 말했다. '체험으로는 좋지만 단 한 번이면 충분해. 돈을 버는 일은 어린애가 걱정할 일이 아니야. 이웃 사람들이 다 너무 좋은 사람이고, 정 안 되면 엄마는 돈을 빌려 쓸 수도 있고, 그러니까 우리 가정은 절대 돈 때문에 살 수 없는 그런 일을 겪지 않을 거야."

어머니는 나에게 3.5위안을 건네주면서 사고 싶은 것 사라고 했다.

그러나 나는 1.5위안만 받았다.

13.5위안은 내가 하향운동에 가기 전에 처음으로 우리 가족을 위해 번 돈이었다. 집을 위해 내가 돈을 벌 수 있다는 것을 생각하니 내 마음은 한 동안 흐뭇했다.

1.5위안은 내가 하향운동에 가기 전에 가진 용돈 중에 가장 '큰 돈'이었다. 그 돈으로 나는 두 동생을 데리고 목욕탕에 한 번 다녀오고, 그리고 만화책 두 권을 사고 나니 얼마 남지 않았다.

술지게미로 더러워진 옷을 깨끗이 빠는 것은 결코 쉬운 일이 아니었고, 그 냄새를 없애는 일은 더욱 어려운 일이었다. 나는 물 한 통을 다 써서, 그리고 한 시간 정도 들여 그 옷을 빨았다.

그러나 빨래한 그 옷을 입고 학교에 갔는데, 나와 짝꿍인 여학생과 앞뒤 두 줄에 앉은 반 친구들이 모두 이상한 냄새를 맡았다고 했다. 그러나 나는 끝내 입을 다물었고 즈쑹이가 나를 데리고 돈을 벌러 간 일을 꺼내지 않았다. 그 일은 나와 즈쑹 사이의 '1급 기밀'이었다. 나는 그를 배신하면 안 됐다. 설령 실수로 말해 버리더라도 그것은 내 스스로가 내 자신을 용서할 수 없는 일이라고 생각했다.

한편, 하향운동 신청이 시작되자 즈쑹은 나를 찾아와 이렇게 말했다. "우리 아버지는 곧 60세가 되는데 온종일 집안을 위해 힘든 일을 해서 돈을 버는데, 그 모습을 보는 나는 마음이 아파. 그래서 나는 하향운동에 지원하려고 해. 너는 어떻게 생각해?"

나는 잠시 생각을 하고 한숨을 쉬며 말했다. "나도 너랑 같은 생각이니 우리 같이 시골에 내려가자."

"그럴 줄 알았어!"

즈쑹은 기뻐하며 나를 한번 껴안았다.

얼마 지나지 않아 우리 둘은 함께 집을 떠나, 도시를 떠나 농촌에 내려가서 헤이룽장 생산건설병단에 소속된 지식청년이 되었다. 지청 시절에 나와 즈쑹의 관계는 형제처럼 친했다.

동창 친구 산옌원單硯文

19

'아이스크림사건' 이후 담임 선생님인 손 선생님은 몇 명의 여학생을 보내 우리 집에 와서 상황을 좀 알아보라고 했다. 그 중에는 산옌원도 있었는데, 그들은 모두 공청단 단원이었다. 그때 우리 반에는 이미 7, 8명의 단원이 있었다.

여학생들이 집에 찾아오는 일은 나와 어머니를 매우 난처하게 했다. 형의 병세가 한참 심각했던 때이기 때문이었다. 그리고 여학생만 찾아왔는데, 사실 나는 어머니보다 더 불편하고 당황했다.

그러나 그들의 나에 대한 관심과 배려는 모두 진심이었다. 형의 비정상적인 모습이나 이야기로 인해 놀라운 표정을 짓거나 불쾌함을 드러내지 않았고 자발적으로 팀을 나눠서 우리집 집안일 이것저것을 도와줬다.

솔직히 말하면 나는 결코 그들이 단체로 우리 집에 나타나는 것을 원하지 않았다. 그러나 이왕 모여 왔고, 또 다들 그렇게 진심이 어린 행동을 하니까 나도 모르게 그들의 일 분담에 협조할 수밖에 없었다.

나는 산옌원과 한 팀으로 창문을 닦기로 했다.

창문 닦는 중에 산옌원이 작은 소리로 나에게 말했다. "실은 네가 반 친구들에게 막대기 아이스크림을 사준 일은 내가 선생님께 일러바친 것이었어."

"양즈쑹이라니까, 너는 어찌 아직도 나라고 생각해?"

"양즈쑹이 그렇게 말한 것은 분명히 너를 감싸기 위해서였어. 내가 바보인 줄 알아?"

이 말을 들은 나는 순간 기분이 나빠져 불쾌한 얼굴로 산옌원에게 물었다. "그렇다면 너는 어쩔래?"

뜻밖에도 그녀는 이렇게 말했다. "나는 정중하게 너에게 사과할게. 그런 사소한 일을 가지고 선생님께 고자질하는 것이 아니었어."

나는 멍하니 있다가 다시 물었다. "그럼 학생들에게 아이스크림을 사준 사람은 대체 누굴지?"

그녀는 능글맞게 웃으며 "그럼 양즈쑹밖에 없지." 라고 말했다. 산옌원이 그렇게 말한 이상 나도 더 이상 이 화제를 가지고 그와 기싸움을 하고 싶지 않았다.

산옌원은 총명함을 타고난 학생 중의 하나로, 학업 성적은 여학생들 중에서 줄곧 상위권에 들어갈 뿐만 아니라, 반 전체에서도 늘 손꼽힐 정도로 성적이 우수했다. 그러므로 반 남학생들이 모두 산옌원을 매우 존경했다. 그는 일부 과목에만 치중하는 스타일이 아니고 국어, 수학 성적은 모두 우수하며, 나와 마찬가지로 적지 않은 문학 작품을 읽었다. 그리고 그는 회화도 좋아하고 그림도 제법 잘 그려서 전 학급에서 유명했다.

또한 그는 '말괄량이' 성격을 가진 여학생으로, 진지해지기 시작하면 남학생들도 무조건 그에게 양보해야 했다.

그 당시에는 반마다 벽보를 만들어야 하는데 산옌원이 작문을 잘해서 우리 반 벽보 편집장직을 맡았다. 일찍이 그는 나에게 벽보 내용을 좀 쓰라고 부탁했지만 그때 나는 한참 우리 집안의 어려운 일 때문에 걱정이 많을 때여서 원고 쓸 마음이 전혀 없기 때문에 한 번도 그의 부탁을 들어주지 않았다.

그러나 내가 생각지도 못한 일이 벌어졌다. 어느 날 '무단결석학생 량샤오성'이라는 새로운 글이 벽보에 올라와 있었다. 그날 하필 나는 학교에 갔는데, 보자마자 나는 몹시 화가 나서 벽보를 떼버리려고 했다. 산옌원이 벽보 앞에 서서 나를 막으면서 벽보에 실린 글이 그가 가장 잘 쓴 '작품'이라며 제발 벽보를 떼내지 말라고 부탁했다. 류수치, 쉬옌, 양즈쑹도 모두 산옌원이 악의가 없다고 하며 그녀는 그저 나에 관한 실제 상황만을 기술했다고, 부디 화내지 말라고 변명해 줬다.

하지만 나는 여전히 화를 억누르지 못하고 산옌원의 책가방을 3층 교실의 창문에서 창밖으로 내던졌다. 나는 처음으로 반에서 그렇게 화를 냈다. 그 일도 나와 관련된 또 다른 '사건'이 되었다. 생각해 보면, 우리반에서 나와 관련이 있는 '사건'이 이미 세 번이나 발생했다.

수업이 끝난 후에 손 선생님은 나와 산옌원을 교실에 남겼다. 선생님은 산옌원이 나의 동의 없이 글을 써서 올린 것은 옳지 않다며 산옌원을 혼냈고, 그리고 바로 나에게 사과하라고 명했다.

산옌원은 정중하게 나에게 사과하면서 용서를 빌었다.

그리고 선생님은 남자로서 아무리 화가 나도 여학생을 그렇게 '난폭하게' 대하는 것도 옳지 않다고 나를 나무랐다. 그리고 화를 내기 전에 혹시 내용을 다 읽었냐고 물었다.

나는 고개를 저었다.

"그럼 제목만 보고 그렇게 화가 난 것이었어?" 선생님이 나에게 물었다.

나는 고개를 끄덕였다.

그랬더니 선생님은 이어서 이렇게 말했다. “거봐. 이게 바로 수양이 부족한 거잖아. 수양 있는 어른은 함부로 화를 내지 않아. 너네들 중학교를 졸업한 후 곧 어른 대접을 받을 거야. 그래서 지금부터 수양이 있는 사람 되는 법을 배워야 돼. 선생님의 말이 일리가 있다고 생각하면 너도 옌원 학생에게 사과를 해야 돼.”

선생님 말을 듣고 나는 진심으로 산옌원에게 사과하고 용서를 구했다.

선생님이 산옌원이 쓴 글을 읽어봤는데 악의보다 글 구절구절에 선한 마음이 담겨 있다고 하였다. 그리고 문장의 목적은 오로지 반 친구들에게 내가 왜 자주 무단결석을 하는지 그 이유를 충분히 알고, 앞으로 나를 더 이해해 주고 우애롭게 나를 대하도록 하는 것이었다고 했다. 또한 글의 목적을 충분히 달성했고, 그 효과도 좋은 편이라, 적어도 선생님이 직접 반 학생들에게 설명하는 것보다 효과가 더 좋다고 했다.

산옌원이 사는 집은 내가 학교에서 집으로 가는 길 중간에 있었다. 초등학교부터 중학교까지 나는 처음으로 한 여학생과 함께 걸었지만 서로 말이 없었다. 내가 말이 없는 이유는 단지 부끄러움 때문이었고, 산옌원이 말하지 않는 것은 아마도 내 사과를 받아들이지 않은 것이라고 생각했다.

산옌원의 집에 거의 도착했을 때, 그는 마침내 입을 열었다. “이제 화 안 나면, 우리 집에 가 볼래?”

나는 부끄러워서 망설였다.

“우리 집에 책이 많거든. 그 중에서 네가 아직까지 읽어본 적이 없는 책도 분명 있을 거야. 몇 권 빌려 줄게."

"그래. 가자." 책 얘기를 들은 나는 곧바로 옌원의 집에 따라갔다.

산옌원이 사는 집은 길가에 위치하는 정원이 있는 단독주택이었다. 정원은 그리 크지 않지만, 방 두 개 모두 작지 않아. 한 칸당 한 20여 제곱미터 정도가 되고, 거기에다 주방도 따로 있었다. 오래된 슬라브 구조의 러시아식 주택이지만, 아쉬운 점은 두 칸의 방이 모두 남향이 아니고 빛이 잘 들어오지 않아 좀 어둡다는 것이었다. 그러나 그래도 그런 집을 방문하는 것은 내 마음속의 부러움을 불러일으켰다. 그 느낌은 마치 토냐의 집을 처음 간 폴과 같았다.

산옌원이 집에 들어서자 책가방을 내려놓고 바로 부엌으로 들어가려 했다.

나는 급히 말했다. "나한테 책 빌려준다 하지 않았어?"

"책장은 안방에 있으니 들어가서 골라."

내가 더욱 부러워했던 것은 그의 집에 큰 책장이 두 줄이나 있다는 것이다! 내가 책을 고르고 있을 때 그녀가 부엌에서 큰 소리로 말한 내용을 들었다. 그의 아버지는 모모 출판사의 디자인 편집자이고 어머니는 원래 텍스트 편집자였지만 그가 초등학교 4학년 때 병환으로 돌아가셨다. 그리고 옌원에게는 새엄마가 없었다.

나는 이 말을 듣고 책장 앞에서 멍해졌다.

자신이 새엄마를 마다하는 것이 아니라 아버지가 생각이 없다고 옌원이가 덧붙여 설명했다.

"나는 아버지께 이렇게 말했거든. 아버지께서 마음 놓고 전념으로 일하시고 집안 일에 대해 신경 안 써도 돼요. 모든 일은 제가 맡아서 할게요."

엔원과 이런 이야기를 하고 있을 때 그의 동생 둘이 학교를 마치고 집으로 돌아왔다. 동생 둘이 내 셋째 동생과 넷째 동생과 동갑으로, 각각 초등학교 4학년과 6학년에 다니고 있었다.

엔원은 앞치마를 두르고 부엌에서 나와 두 동생에게 왜 늦게 돌아왔냐고 물었다.

동생들이 반 친구 집에 놀러갔었다고 대답했다.

그때 엔원은 정색하고 동생들에게 앞으로 말없이 늦게까지 다니지 말라고 나무랐다. 그리고 한 명은 쓰레기를, 다른 한 명은 개숫물을 버리라고 시켰다.

"다 하고 오면 먼저 손을 씻고, 손 씻은 후 바로 숙제를 해! 자기 전에 반드시 숙제 다 완성해야 돼. 알았지? 내가 검사할 거야!"

그렇게 말하고 있는 엔원이 분명 눈물을 흘렸다는 것을 내가 알아챘다.

그날 나는 엔원에게 책 두 권을 빌렸다. 한 권은『그리스 신화 이야기 선집』이고, 다른 한 권은『러시아 산문집』이었다. 이 두 권의 책이 모두 엔원 아버지가 특별히 아끼는 책이며, 특히『그리스 신화 이야기 선집』은 1949년 이전의 판본이라 반드시 소중히 다뤄야 한다고 엔원이 신신당부했다.

그리고 그날 집에 돌아와서 나는 동생 두 명에게 숙제를 다 완성했느냐고 물었다. 또한 앞으로 내가 숙제 완성 상황을 검사하겠다고 동생들에게 이야기했다.

초등학교부터 중학교까지 처음으로 여학생의 집에 간 곳이 산엔원의 집이었다. 그 이후 나와 옌원의 관계가 왠지 달라진 것 같고, 그리고 나와 우리 반 청년단 지부支部 서기 장만핑張滿萍의 관계도 가까워졌다. 이 둘은 나하고 가장 친하게 지낸 여학생이었다. 그때부터 류수치와 쉬옌도 늘 나와 함께 옌원네 집에 가서 책을 빌려 보았다.

수치와 옌원은 모두 입씨름을 좋아하는 사람이라 매번 만나면 한 문제를 가지고 얼굴이 벌겋게 달아오를 정도로 논쟁을 하는 일이 자주 있었다. 내 기억 중에 한 번은 그들은 '프로메테우스'의 올바른 중국어 번역이 '普羅米修斯'인지 '普羅米修士'인지에 대해 논쟁을 벌이기도 했다.

수치, 쉬옌, 옌원과 만핑 넷이서 종종 함께 우리 집에 왔다. 때로는 만핑이 나를 반이나 학교에서 주최하는 행사에 참가하도록 설득하기 위해 나머지 세 친구에게 부탁해서 찾아온 것이고, 때로는 특별한 일 없이 단지 우정 때문에 우리 집에 와서 모여서 이야기를 나눌 뿐이었다. 여하튼 설날 때에 그들은 빠짐없이 세배하러 우리 집에 찾아왔다.

그들이 찾아올 때 형의 상태가 어떻든 우리는 전혀 어색함을 느끼지 않았다. 왜냐하면 우정은 우리에게 모두 특별하고 소중한 것이기 때문이었다!

지금 생각해 보면 그 당시에 나에게 그런 소중한 친구들이 있어서 얼마나 다행스러운지 몰랐다. 그렇지 않았다면 한 중학생이 그 수많은 골치 아픈 집안 일을 감당할 수 없었을 것이다.

한편, 1980년대 이후 나는 베이징 영화 제작사의 스크립트 에디터가 되었고, 옌원은 두 딸의 싱글맘이 되었고 하얼빈에서 작은 식당을 운영하고 있었다. 장사는 그럭저럭 잘 된다고 들었다. 비록 그는 농촌에 내려간 시간이 나보다 일찍이었고, 그리고 농장에 있을 때부터 어머니가 되었지만 도시로 돌아온 후에 우리 집의 '단골손님'이 되었다. 뿐만 아니라 그는 우리 어머니의 수양딸이 되었고, 내 남동생과 여동생은 정답게 그를 옌원누나라고 불렀다. 명절이 되면 내가 하얼빈에 가지 못할 때도 옌원은 꼭 어머니와 동생들을 그가 운영하는 식당에 초대하여 함께 식사를 하곤 했다. 물론 수치와 쉬옌도 늘 함께 갔다.

부모님께서 잇따라 돌아가셨고, 옌원은 그의 부모님의 유골을 우리 부모님의 묘지 옆으로 이장했다. 그 이유는 옌원의 말을 빌리자면, 우리 양가 집안의 누구라도 자신의 부모 산소에 성묘하러 갈 때 나머지 한 집 부모의 산소도 같이 성묘할 수 있기 때문이었다.

옌원이 세상을 떠난 지 이미 7년이 지났다. 경건한 마음으로 우리의 소중한 우정을 기록하는 이 글을 남긴다. 우리의 우정은 문학에 대한 공통된 취미에서 시작되어 인생의 갖가지 경험을 통해 매우 돈독해졌다.

나는 "이 세상에는 참되고 애틋한 정이 있다."라는 말을 한 점의 흔들림 없이 굳게 믿는다. 다만 '초록은 동색'은 이의 선결 조건일 것이라고 생각한다.

감발 배우기

20

중학교 이전에 나는 양말을 신은 적 있는지 기억이 잘 안 난다.

아마도 신어본 적이 있는 것 같다.

일반적으로 부모님이 새 신발을 사주면 양말도 한 켤레 사주는 것이 정상이다. 그러나 그것은 나와 두 동생에게 아마도 우리가 아주 어렸을 때 일이고, 그리고 틀림없이 설날을 앞두었을 때였을 것이다.

하지만 중학교에 입학한 이후로 나는 양말을 신은 적이 없는 것 같다. 그 이유는 우선 그때 우리 집의 형편은 더 이상 자녀 다섯 명에게 한꺼번에 새 신발을 사줄 상황이 아니었기 때문이었다. 일반적으로 형에게 신발이 작아진 경우, 어머니가 그것을 수선해서 나에게 넘겨주고, 그 신발이 나에게 작아지면 어머니가 한번 더 수선을 한 후에 두 동생에게 넘겨지는 것이었다. 이렇게 반복해서 어머니는 신발을 수선하는 솜씨가 이미 매우 익숙하고 좋아서 신기료장수의 수선 실력과 별 차이가 없었다. 신기료장수가 수선할 경우 단화이든 방한화든 5푼짜리 동전 정도의 크기를 수선하는 데 틀림없이 0.1위안쯤이 들었을 것이다.

0.1위안이면 장아찌 반 근 정도 살 수 있는 돈이었다. 게다가 장아찌 반 근이면 우리 가족 밥 두 끼에 충분한 반찬의 양이었다. 그 당시에는 어머니가 알뜰살뜰 살림할 수밖에 없었다.

그렇기 때문에 우리 형제 네 명에게 동시에 새 신발 한 켤레씩 사주는 것은 온 가족이 감히 상상도 할 수 없는 일이 되었다. 여동생만 격년으로 새 신발과 새 양말을 신을 수 있었다.

새 양말은 새 신발에 맞추어 신어야 했다. 새 신발을 신는 것이 거의 꿈이 된 이상 우리는 새 양말을 신을 엄두가 전혀 나지 않았다. 낡은 양말을 더 이상 신을 수 없을 때 우리가 어머니에게 새 양말을 사 달라고 졸라서 어머니를 난처하게 하고 싶지 않았다. 그렇기 때문에 나는 스스로 발감개로 발을 감는 법을 배웠고, 그리고 아주 능숙하게 발을 감을 수 있었다.

도시에서 자란 중학생으로서 나는 누군가가 감발하는 것을 본 적이 없지만 소설에서 본 적이 있다. 소설에는 한 겨울에 동북 항일연군 병사가 우연히 발감개 하나 얻게 된다면 그것이 행운이라고 여겼다고 했다.

그래서 나도 내 발을 감아보기로 했다.

아버지가 가져온 그 작업용 신발들은 두 동생에게 다 너무 컸다. 그것을 신은 동생들의 모습은 채플린과 같았다. 그래서 어머니는 두 켤레를 골라서 한 켤레는 나에게 주고, 다른 한 켤레는 형에게 줬다. 그때 형은 이미 집 밖에 거의 안 나가는 상황이어서 거의 신지 않았고, 나에게는 신발이 너무 커서 신으려고 하면 항상 두 겹의 천으로 발을 감아야 했다.

아울러 나는 곧 동생 두 명에게 감발하는 법을 가르쳐 줬다.

어머니는 나의 '감발 노하우 전수'에 대해 매우 기쁘고 만족스러워하셨다. 집에 있는 일부 천 조각도 드디어 쓸모가 생겼다. 전에 어머니가 우리 집에 더 이상 입을 수 없는 옷이나 바지, 혹은 더 이상 쓸 수 없는 이불커버나 커튼을 바로 버리지 않고, 조금이라도 튼튼해 보이는 부분을 잘라내어 우리의 옷을 수선할 때 사용할 수 있도록 보관했다. 세월이 지나 옷을 수선하는 데 다 사용되지 못하고 남겨진 천이 적지 않게 쌓였고, 그 천들이 마침 나와 두 동생이 발을 감는데 사용될 수 있었다. 양이 많아서 우리가 다 써 버리기 전에 어머니가 '새 발감개'를 또 갖다주곤 했다.

감발은 두 가지 장점이 있다. 첫째, 양말에 비해 발감개는 빨래한 후에도 형태가 변하지 않고, 커지거나 작아지는 경우가 없었다. 게다가 수선할 필요도 없고, 찢어진 부분이 있으면 그 부분을 잘라내면 된다. 둘째, 양말보다 더 따뜻하니까 동상이 걸리기 쉬운 발의 부위에 천을 두 겹으로 접어 그 부위를 더 꼼꼼하게 감으면 된다.

매일 자기 전에 발감개를 펴서 온돌침대에 깔면 다음날 따끈따끈한 발감개를 쓸 수 있다.

1968년에 내가 내려간 농촌은 매우 추운 지역이었기 때문에 겨울에 나이많은 병사들과 지식 청년 남자들이 감발하는 것을 좋아했다. 그때 나는 나이많은 병사들에게 감발하는 방법을 배울 필요가 없었다.

나무껍질 벗기기

21

헤이룽장성은 산림 자원이 풍부한 지역이었다. 우리 집은 도시 근교에 있었는데, 집에서 5, 6리 정도 떨어진 곳에 백여 명의 근로자가 일하는 목재 가공 공장이 있었다. 『인세간』의 주인공인 주빙쿤朱秉昆은 일찍이 목재가공 공장에서 일했던 사람이었고, 그가 기억하고 얘기한 목재 공장이 바로 이곳이었다.

나도 이곳에 대해 비교적 깊은 기억을 가지고 있다. 왜냐하면 여기서 나무껍질을 벗긴 경험이 있었기 때문이다.

내가 가족을 위해 13.5위안을 번 일은 내 '공헌 이력'이 됐지만, 나에게 다시 그런 좋은 일이 오지 않을 것 같다고 생각했다.

우리 가족을 위해 내가 할 수 있는 일이 또 뭐가 있을까? 매일 불을 지펴 밥을 짓고, 방을 정리하고, 여기저기 닦고, 연탄재를 치우고, 개숫물을 버리고, 설거지를 다 하고 그런 일 외에 할 수 있는 일이 없었다. 그때의 나는 마치 전문적으로 집안일을 당담하는 여자아이인 것 같았다. 그런 느낌은 갈수록 좋지 않았다. 요즘 말로 말하자면 그때 나는 점점 집안에서의 내 존재감을 확인할 수 없다고 느꼈다.

그때 나는 그런 생각이 들었다. 나는 당분간 가족을 위해 돈을 벌어줄 수 없지만 집안의 지출을 아끼는 데 어떤 방법으로든 기여할 수 있으면 좋겠다.

옆집 고물상 루盧 씨 아저씨가 늘 헌책과 헌 간행물을 갖고 왔는데 나는 그의 차에서 책을 고르는 중에 때로는 나와 두 동생이 신을 수 있는 낡은 신발을 발견하기도 했다. 다만 바로 신을 수 있는 것이 아니라 수선이 필요한 것들이었다.

어느 날 나는 아저씨 차에서 그 이전에 본 적이 없는 철기 하나를 발견했다. 산에서 돌을 캐내는 데 사용하는 곡괭이 같았지만 앞부분은 뾰족한 것이 아니라 삽 모양이고 매우 날카로웠다.

나는 아저씨에게 그것이 무엇이냐고 물었다.

아저씨가 그것이 통나무에서 나무껍질을 벗기는 데 사용하는 도구라고 알려주며 어떤 사람은 그것을 사용하여 목재 가공 공장에 있는 통나무껍질을 벗겼는데 그 양은 겨울 내내 다 태워도 남았다고 했다. 그리고 자작나무나 송진이 있는 소나무 껍질을 벗겨내면 벼룩시장에서 팔 수 있는데 그것이 많은 사람들이 선호하는 물건이랬다. 왜냐하면 그것은 불을 지피는 데 가장 좋은 나무껍질이기 때문이다.

말하는 사람은 무심코 한 말이지만, 듣는 사람은 새겨들었다.

우리 집 바깥방 바닥에 묻은 흙을 치워야 한다는 핑계를 대고 아저씨에게 그 도구를 빌렸다.

아저씨는 빌려주면서 "까먹지 말고 다 쓰면 돌려줘야 돼. 나중에 나도 쓸 데가 있을 수 있어."라고 말했다.

다음날 나는 다른 이웃에게 자루를 빌렸다.

곡괭이와 자루가 다 있으니 나는 목재 가공 공장에 가서 나무껍질을 벗기기로 했다. 이 일은 반드시 사전 상황을 철저히 파악해야 하는 일이었다. 알아본 결과 이 공장에서 매일 통나무가 들어오는 것이 아니라 일주일에 두 번, 보통 한밤중에 온다고 했다. 그러나 누구도 한밤중에 나무껍질을 벗기러 갈 수 없었다. 왜냐하면 겨울의 한밤중이 너무 어두워서 어느 통나무의 껍질이 잘 벗겨지는

지 알 수 없기 때문이었다. 날이 밝으면 일하는 사람들이 출근하니까 공장 외부인들이 공장에 들어갈 수 없으므로 가장 좋은 시간 때는 새벽 5, 6시였다. 그때 날이 약간 밝아지고 당직 보안원이 한창 잘 자는 시간이라 공장 순찰이 없기 때문에 당직자에게 쉽게 들키지 않을 수 있었다.

이상의 상황을 파악한 후에 어느 날 나는 새벽 네 시쯤에 일어나 조용히 집을 나와 목재 가공 공장으로 향했다. 하늘에 많은 별들이 반짝였고, 날씨가 너무 추워 가는 길에는 아무도 보이지 않았다.

한편 내가 미리 조사해 둔 바가 있는데, 공장 주변을 에워싸고 있는 나무 널빤지 울타리 중의 한 곳이 허물어져 있었다. 틀림없이 나무껍질을 벗긴 사람이 한 것이었지만 널빤지가 완전히 떨어지지 않고 살짝 옆 나무 널빤지에 걸려 있었다. 그것은 분명 공장 보안 요원의 눈을 속이기 위한 것이었다. 나는 그곳에서 공장으로 들어갔는데, 놀랍게도 이미 통나무 더미에 사람이 있었다. 나보다 더 일찍 온 사람이 있었구나! 정말 상상도 못했다.

그날 통나무 더미는 자작나무였다. 나무껍질을 벗기러 온 사람은 대부분 내 또래 아이들이었고, 놀라운 게 여자아이와 할아버지뻘 노인도 있었다. 모두들 말없이 서로 겨루듯이 작업에만 집중했다. 그 더미의 자작나무는 매우 굵었지만, 곡괭이가 충분히 날카롭거나 나무껍질 벗기는 경험이 있으면 십여 분이면 커다란 나무껍질을 벗길 수 있었다. 내 도구는 금방 손에 익혀 얼마 지나지 않아 나도 요령을 터득하게 되고 할수록 더욱 의욕이 뿜뿜 솟았다. 한 시간 후, 모든 사람들이 암호를 받은 것처럼 약속이나 한 듯이 조용히 공장을 떠났다.

나는 나무껍질을 한 자루 정도 벗겼는데, 무게가 대략 30여 근이 될 것 같았다. 자루를 메고 집에 돌아갔는데 가족들은 아직 자고 있었다.

자작나무껍질은 확실히 쉽게 탄다. 불이 금방 붙었고, 나는 쌀을 씻고 솥에 넣어 밥을 짓기 시작했다. 그리고 어머니가 자작나무껍질을 발견하면 어디서 나온 건지 캐물을까 봐 나는 남은 자작나무껍질을 연탄 헛간에 숨겼다. 우리 집은 불을 지피고 밥을 짓는 일을 줄곧 내가 전담해 왔기 때문에 어머니가 연탄 헛간에 가는 일이 매우 드물었다.

그리고 나서 나는 성취감을 느끼며 온돌침대에 올라가서 잠을 더 잤다.

그 뒤의 10여일 내내 나는 몇 차례 나무껍질을 벗기러 몰래 목재 공장에 들어갔고, 매번 '성과'가 꽤 짭짤했다. 벗긴 나무껍질 중에 소나무 원목에서 깎은 소나무 조각도 적지 않았다. 소나무는 껍질이 얇아서 껍질만 벗기는 일은 별로 재미없었다. 겨울에 원목은 부서지기 쉬워서 곡괭이로 가장 날카로운 한쪽부터 조심스럽게 들어올리면 나무껍질과 꽤 큰 나무 조각을 벗길 수 있다. 자작나무껍질과 비교하면 송진이 있는 소나무 조각은 더 오래 태울 수 있고 불길도 더 세다.

내가 마지막으로 몰래 나무껍질을 벗기는 대상도 소나무였다. 그날 소나무껍질이 아주 술술 잘 벗겨져서 나는 소나무껍질 벗기는 데에 너무 열중하는 나머지 다른 사람들이 다 나갔는데 나는 전혀 몰랐다. 결국 일찍 깨어난 보안 아저씨에게 딱 걸렸다. 아저씨가 내 손에서 곡괭이와 자루를 빼앗아 갔다. 나는 어쩔 수 없이 그의 뒤를 따라 사무실로 들어갔다.

"나무껍질 벗기는 거 맞아? 원목 파괴지! 도끼를 가지고 오지 왜? 이 공장이 너네 집안이 차린 공장인 줄 알아?"

아저씨가 나를 호되게 혼내도 나는 말대꾸하지 않고 다시는 그렇게 하지 않겠다고 싹싹 빌며 곡괭이와 자루를 돌려 달라고 애걸했다.

아저씨가 돌려줄 수 있지만 절대 다시 공장에 와서 나무껍질을 벗기지 않을 것이라고 서약서를 쓰고, 거기에 학교 도장을 찍어서 갖고 오라고 했다. 나는 아저씨에게 겨울방학 때라 학교에 아무도 없고 도장 받아오기 힘들다고 이야기했지만 그것은 일 저지른 사람이 알아서 해야 하는 일이고, 그가 신경 써야 할 일이 아니라고 냉정하게 말했다.

그 말을 듣고 나는 울지 않았다. 집에 가는 길에 마음속에서 말이 통하지 않은 그 아지씨를 저주했다.

한편 아저씨가 곡괭이와 자루를 돌려주지 않으면 어찌할까 걱정했다.

그날 오전에 나는 담임 선생님인 손 선생님 댁에 가서 선생님에게 내가 겪은 일을 이야기하면서 눈물을 흘렸다.

선생님은 나에게 보안 아저씨를 이해해 줘야 한다고 타이르고 아저씨가 책임감 때문에 나에게 그런 거라고 말해 줬다. 통나무 더미에 나무껍질을 벗기는 것은 매우 위험한 일이고 거기에서 불행한 사건이 있었다고 알려줬다. 그리고 나보고 다시 그런 위험한 일을 하지 않겠다고 맹세하라고 했다.

나는 선생님에게 미리 써 놓은 서약서를 보여 드렸고, 선생님은 그것을 읽고 나서 며칠 후에 당직을 서는 학교 선생님에게 메모장을 썼다. 날짜를 맞춰서 학교로 그 선생님을 찾아가면 된다고 했다.

돌아오는 길에서 나는 선생님이 쓴 메모 내용을 봤는데, 핵심 내용은 학생을 볼 때 본질을 평가해야 하고, 가정 형편이 어려운 학생에게는 특히 더 그래야 된다는 것이었다. 선생님 눈에는 나는 천성이 착한 학생이고, 단지 너무 일찍 가정 책임을 져야 하는데 나에게는 그 무거운 책임을 질 수 있는 능력이 아직 갖춰지지 않았을 뿐이었다. 그러므로 내 서약서에 학교 직인을 찍는 것은 치욕이 아니라고 했다.

손 선생님 덕분에 내 서약서 위에 학교 직인 찍는 일이 해결되었고, 그리고 곡괭이와 자루도 모두 되찾을 수 있었다.

어느날 저녁에 나는 자작나무껍질과 소나무 '관솔'[1] 을 메고 벼룩시장에 가서 파는데 금방 팔렸다.

어머니 손에 3위안을 쥐어줄 때 어머니가 매우 놀라 어디서 받은 돈이냐고 엄숙하게 물었다. 그제야 나는 어머니에게 모든 사실을 털어놓았다. 그랬더니 어머니가 "다시는 그런 짓 하지 마! 만약

•

1 관솔은 소나무속 나무의 줄기에서 분비되는 송진이 나무줄기에 발달한 세포간도에 엉겨서 생긴 물질이다. 관솔은 잘 썩지 않고 습기에 강하고, 불을 붙이기 쉬운 특성을 지니고 있어 중국 동북 지역 사람들이 불을 붙이는 데에 자주 사용된다.(엮은이 주)

네가 무슨 일이 생기면 엄마 어떻게 살아갈 거야? 너는 이미 가정의 짐을 많이 지고 있고, 그것만으로도 나는 정말 죄책감을 느끼고 있거든! 우리집은 네가 돈 벌지 않으면 살아갈 수 없는 상황이 아니니까 앞으로 돈 걱정은 더 이상 하지 마. 엄마는 우리 가족들이 잘 살아갈 수 있는 방법을 알고 있어. 네가 이번에 번 돈은 단 한 푼도 주지 마. 너가 가지고 있어. 책을 사는 데에 다 써도 엄마는 아무 이견이 없어."

어머니의 표정은 매우 단호한 태도로 정색하셨다.

비록 나는 혼났지만 마음속으로는 매우 기뻤다.

결국 나는 돈을 받아서 집에 수건 한 개와 비누 한 개를 사 놓고 남은 돈으로 책 두 권을 샀다.

석탄 덩어리 줍기

22

모범극『홍등기紅燈記』대본에서 이옥화李玉和가 딸아이 이철매李鐵梅에게 한 칭찬 중에 다음과 같은 내용이 있다.[1] "농작물이 담긴 바구니를 들고 시장에 가서 파는 일, 석탄재를 줍는 일, 물을 긷는 일, 그리고 장작을 패는 일, 집안의 안팎일은 모두 딸아이가 하고 있네. 가난한 집안에서 자란 아이가 일찍 살림을 도맡네."

내가 중학교에 다닐 때는 아직 모범극이 없었다. 혹여 있다 했더라도 하얼빈에 사는 평범한 집안의 아이들이 쉽게 접할 수는 없었다. 내가 본『홍등기』는 이미 영화로 만든 작품이었고, 하향운동 중에 농촌에 있을 때 다른 팀원들과 단체로 시청했다.

『홍등기』를 관람했을 때 내 머리속에 이런 장면이 떠올랐다. 농작물이 담긴 바구니를 들고 시장에 가서 파는 일 외에 물 긷고 장작 패는 등 집안일을 나도 거의 다 해 봤다.

나도 석탄재를 주운 경험이 있었다.

하얼빈 도심을 가로지르는 여러 철도가 있었다. 그 중의 몇몇 노선은 화물 전용 노선인데 거의 매일 석탄을 운반하는 열차가 이 노선들을 따라 운행했다. 그렇기 때문에 하얼빈의 일부 아이들이 석탄 덩어리를 주운 경험이 있으며, 그중에 철도 주변에 사는 아이들이 대부분이었다. 어떤 아이들은 집안에 하루 정도 불을 지펴 밥을 짓는 데 사용 가능한 석탄 덩어리를 주워올 수 있다고 했다. 석탄

---

1 모범극은 양판희樣板戲, 모범예술이라고도 한다. 중국 문화대혁명 시기에 '혁명양판희'로 정립된 20여 가지의 희극 무대 예술 작품의 속칭으로 문화대혁명 시기를 대표하는 문예이다.(역자 주)

열차가 너무 가득 채워져 있기 때문에 열차가 커브를 돌 때 석탄 덩어리가 바닥에 떨어져 운이 좋은 아이들이 종종 큰 석탄 덩어리를 주울 수 있었다. 석탄 실린 열차에서 떨어질 수 있는 것은 탄가루가 아니고 모두 석탄 덩어리였다. 석탄 덩어리는 석탄 중의 '상등품'으로 석탄 덩어리를 줍는 아이들이 계속 늘어났다.

나무껍질을 벗기는 일을 더 이상 할 수 없게 되자 겨울방학의 어느 날에 석탄 덩어리를 주우러 갈 생각이 내 머리속에 떠올랐다.

지금 생각해 보니 한동안 나는 틈만나면 우리집 살림에 보태려는 생각이 완전히 '가족에 대한 책임'에 영향을 받은 것이 아니라 에너지가 넘치다 못해 과한 것과 더 밀접한 연관이 있는 것이 아닐까 싶다.

중학교에 다니는 남자 아이는 한참 에너지가 왕성할 때다. 게다가 당시에 중학생들이 지금처럼 학업의 스트레스를 받는 것도 아니고, 겨울방학 열흘만이면 방학 숙제를 다 완성해 낼 수 있었다. 남은 방학 시간은 각종 집안일을 하는 것 외에는 어떻게 보내야 할지 모르겠거니와 겨울 날씨가 추워서 친구 집에 놀러가는 일도 그다지 많지 않았다. 그렇기 때문에 돈을 벌어서 집안 살림에 보태고 싶다는 생각은 저절로 떠오른 것이나 마찬가지이다. 그때 내가 우리집을 위해 할 수 있는 '실용적인 일'은 몇 위안을 벌어오거나 몇 위안을 아껴 두는 일에 불과했다.

석탄 덩어리를 줍는 일도 미리 상황 파악을 해야 했다. 예컨대, 열차가 어느 철도를 통과하는지, 통과 시간이 어떻게 되는지, 그리고 커브 도는 곳이 몇 군데가 있는지 등이다.

위의 상황을 똑똑히 잘 파악한 후에 어느 날 나는 아침에 일찍 일어나서 마대를 들고 집을 나섰다.

우리집은 철도 근처에 있지 않았기에, 석탄을 주울 수 있는 곳까지 걸어갔을 땐 앞서 도착한 아이들이 이미 석탄 덩어리들을 한바탕 줍고 집에 돌아가려던 참이었다. 그들의 바구니에 반짝이는 석탄 덩어리가 가득 채워져 있는 것과 철도 옆의 눈길 여기저기에 석탄 덩어리가 떨어진 자국이 남아 있는 것을 보고 나는 부러운 마음에 기운이 빠졌다.

그런데 거기서 뜻밖에 동창 친구 천위안위안을 만났다. 그의 바구니에도 석탄 덩어리가 반 정도 채워져 있었다.

알고 보니 천위안위안 아버지가 마차를 몰고 돈 벌러 외지에 가시며, 그를 할머니에게 맡겼다. 그때 그의 할아버지는 이미 돌아가셨고, 할머니가 홀로 철도 근처에 살았는데 석탄을 거의 사지 않고 주운 석탄 덩어리로 생활했다. 천위안위안이 할머니가 매일 아침 일찍 일어나서 아이들과 함께 석탄을 주우러 가는 모습을 보고 마음이 아파서 할머니를 대신해서 석탄 덩어리를 주우러 나왔던 것이었다.

천위안위안의 말에 의하면 예전에 이 철도를 따라 석탄 덩어리를 줍는 아이가 그리 많지 않았고, 거의 할머니 혼자 다 주웠다. 어쩌다 보니 아이들이 많아졌고, 그의 할머니는 발이 작아서 걸음걸이가 느린 탓에 아이들 따라가기 힘들었다. 그래서 주운 양이 전보다 훨씬 줄어들었다. 천위안위안이 할머니 대신하여 줍는데도 전에 할머니가 주운 양보다 적다고 했다.

나는 초등학교를 졸업한 후로 천위안위안을 본 적이 없다. 철도에서 만났을 때 그는 예전보다 키가 커져 있었다. 나보다 머리 반 정도 더 컸다.

천위안위안이 나에게 왜 이렇게 멀리까지 걸어와서 석탄을 줍냐고 물었다.

나는 우리집의 상황을 솔직하게 말해 줬다.

내 말을 듣고 천위안위안이 더 의아해졌다. "석탄 덩어리는 약이 아니잖아?"

"석탄 살 돈을 아끼면 그 돈으로 우리 형을 위한 약을 살 수 있어."

그때 내가 천위안위안에게 말한 내용은 다 사실이었다. 그동안 우리 어머니에게 민간요법을 권하는 사람이 종종 있었다. 어떤 사람은 그저 선의로 권한 것이었지만, 어떤 사람은 돈을 편취하기 위해 어머니에게 민간 약을 사라는 것이었다. 어머니가 쉽게 속아 넘어갔는데도 나는 차마 어머니를 책망할 수 없었고, 손해 본 금액을 어떻게든 내 힘으로 벌어서 채워주고 싶었다. 나는 어떤 일이든 집안의 손해를 메울 수 있다면 그 일을 할 가치가 있다고 생각했다.

천위안위안은 내 말을 듣고 우리집의 사정을 헤아렸고, 나보고 자기 집에 묵으라고 건의했다. 그렇게 되면 나는 그와 함께 큰 석탄 덩어리를 일찍 주울 수 있고, 또 그렇게 해야만 내가 우리 집안 살림에 보태려는 생각을 현실로 이룰 수 있다고 했다.

그러나 나는 남의 집에서 생활한 적이 없기 때문에 천위안위안의 요청을 받은 순간 망설였다.

"그냥 내 건의를 받아줘. 우리 할머니는 귀가 어두워서 나는 할머니랑 하루 종일 몇 마디 대화도 못해서 답답해 죽겠거든.” 이 때 천위안위안의 말투는 건의보다는 부탁의 말투였다.

나는 어머니의 허락을 받아야 대답할 수 있다고 말해 줬다.

그러자 천위안위안이 우리집에 가서 어머니에게 설득하겠다고 했다. 나는 더 이상 거절할 방법이 없었다.

천위안위안 할머니의 집은 오래된 벽돌집이며, 할아버지 생전에 분배 받은 직원 기숙사였다. 천위안위안이 나를 집 안으로 안내해 줬는데, 나는 바깥방 코너에서 석탄 덩어리가 쌓여 있는 더미를 보았다. 그 양은 거의 두 마대를 가득 담을 수 있을 정도였으며 모두 천위안위안이 직접 주워 온 것이었고 도둑 맞을까 봐 밖에 내놓지 못한다는 것이었다. 그러나 그의 할머니 집은 안방과 바깥방은 모두 매우 추웠고, 천위안위안 할머니가 석탄을 매우 아끼면서 쓰기 때문에 낮에 항상 불을 끄곤 했는데 이에 대해 천위안위안이 성을 내기도 했다.

천위안위안은 할머니 앞에서 위와 같은 내용을 말해 줬는데 나는 그의 말머리를 돌리려고 얼른 이렇게 말했다. “할머니 안 계실 때 말해줘!”

“할머니 귀가 잘 안 들려.”

그리고 그는 할머니의 귀에 대고 큰 소리로 물었다. “할머니, 이 친구가 저녁에 우리집에 묵을 건데, 할머니 허락해 주실 거지?”

할머니가 바로 고개를 끄덕였다.

그러자 천위안위안이 또 큰 소리로 할머니에게 물었다. “그럼, 내 친구를 환영하기 위래 우리가 앞으로 방을 좀 더 따뜻하게 하는

게 어때?"

할머니는 연신 고개를 끄덕이며 나를 보면서 웃었다.

천위안위안 할머니의 자애로운 모습을 보면서 나는 천 씨 아주머니가 생각났다.

이때 천위안위안이 기쁜 목소리로 나에게 말했다. "거봐. 네가 와서 살면 내가 네 덕에 방에서 추위를 참으며 살지 않아도 돼. 얼마나 좋아!"

생각해 보니 천위안위안이 전에 나를 따라 우리집에 간 적이 있다. 어머니가 나를 통해 천위안위안이 엄마 사랑을 못 받고 자란 아이라는 것을 알게 되었기 때문에 매번 그를 각별히 다정하게 대해 줬다.

천위안위안은 우리 어머니에게 자신의 아버지가 외지에 나가 있고, 밤에 혼자 집에 있으면 무섭다고, 내가 밤에 같이 있어 줬으면 좋겠다고 말했다. 이 '대사'는 우리 둘이 집에 오는 길에 입을 맞춘 것이었다.

천위안위안의 말을 듣자 어머니는 흔쾌히 허락해 줬으며, 위안위안네 집에 갈 때 우리 아버지가 가져온 무늬 없는 양가죽 코트를 챙겨 가라고 당부했다. 그 코트로 밤에 우리 둘이 발을 따뜻하게 할 수 있다고 하였다.

그날 저녁에 나는『봉신방封神榜』이라는 소설책을 챙겨서 위안위안네 집에 갔다. 이 책은 중고 서점에서 사온 것인데, 나는 전체를 다 읽어봤지만 천위안위안은 아직 그 이야기를 들어본 적이 없다 싶어서 그를 위해 가져간 것이었다.

천위안위안은 미리 바깥방을 따뜻하게 해 놨다. 그의 할머니 집 안방에는 큰 침대가 하나 있고, 바깥방은 작은 온돌침대였다. 할머니는 줄곧 작은 온돌침대에서 주무셨고, 나는 천위안위안과 함께 안방에 있는 큰 침대에서 잤다. 할머니는 전기를 아끼려고 안방과 바깥방에 모두 작은 와트의 전구를 사용했기 때문에 불빛이 매우 약했다. 어두운 불빛 아래에서 소설을 읽는 것은 눈에 좋지 않다. 다행히도 소설책에 수록된 이야기들이 모두 내 머릿속에 기억되어 있기 때문에 대부분의 이야기는 나는 책을 펴지 않아도 천위안위안에게 이야기해 줄 수 있었다. 기억이 잘 나지 않은 부분은 잠깐 책을 보면 됐다. 잠들기 전에 천위안위안이 이렇게 말했다. "오늘은 나에게 정말 행복한 날이야!" 나는 그의 행복을 나누며, 내 자신도 행복해진 것 같다고 느꼈다.

다음날 날이 밝자 우리 둘은 석탄 덩어리를 주우러 나갔다. 그는 바구니를 들고 나는 마대를 들고 각각 철도 양쪽 길을 따라 갔다. 천위안위안은 말이 많지 않아 내가 먼저 이야기하지 않으면 그는 그저 성큼성큼 앞으로 걸어갔다. 가끔 그는 레일 위에서 걷기도 했다. 겨울철의 레일은 매우 미끄러웠는데 그는 바구니를 들고서도 레일에서 꽤 멀리 갈 수 있는 것을 보면 오래 전부터 연습해 온 것이 분명했다.

날이 완전히 밝았을 때 우리 둘은 몇 군데 모퉁이에서 한 바구니 가득 찬 양의 석탄 덩어리를 주웠고 돌아가는 길에서 석탄을 주우러 온 다른 아이들을 만났다.

두 시간 넘게 우리 둘은 왕복 십여 리를 걸었을 것으로 추정되지만 누구도 힘들거나 춥다고 하지 않았다. 석탄 덩어리 두 바구니는 그야말로 '눈부신 성과'라고 할 수 있으며, 이 성과는 충분히 우리 둘로 하여금 피곤함과 추위를 느끼지 못하게 할 수 있었다. 석탄을 위안위안네 집에 놔두고 나는 곧바로 우리집으로 향했다. 그때때로는 위안위안네 집에서 아침밥을 먹고 오기도 했지만, 시간이 없을 때는 밥을 먹지 못하고 그냥 오기도 했다.

10여일 후, 천위안위안의 아버지는 다른 지역에서 돌아왔고, 그는 할머니 집을 떠나야 하기 때문에 우리 둘의 '협력 작업'은 종료되었다.

우리 둘이 주운 석탄 덩어리의 양은 상당히 많았다. 천위안위안은 나에게 반을 나누어 주고, 그것을 마대에 넣고 썰매 위에 싣는 것까지 도와줬다. 그리고 집에 데려다 주는 것도 해주려 했는데 나는 거절했다.

"내가 썰매를 다시 끌고 와야 되잖아." 천위안위안이 이렇게 말하면서 나를 데려다 준다고 우겼다.

우리집 앞에 도착한 뒤 천위안위안은 집에 들어가진 않으려 했고 나에게 이렇게 물었다. "우리 둘은 언제 다시 만날 수 있을까?" 그 말에는 이별을 고하는 뉘앙스가 담긴 것 같았다.

그때 나는 양가죽 코트가 아직도 천위안위안의 집에 있다는 것이 생각나서 웃으면서 말했다. "네가 나에게 양가죽 코트를 가져다 줄 때 다시 볼 수 있잖아?"

천위안위안도 웃으며 농담하듯 말했다. "에이, 귀찮으니 니가 직접 우리 할머니 집에 가서 찾아와. 네가 가지러 가지 않으면 난 그

걸 팔아버릴 거야."

그 말을 듣자 나는 갑자기 그를 보내기 싫다는 감정이 느껴져 섭섭한 마음으로 그를 집 밖까지 바래다 줬다.

그 며칠 전에 막 큰 눈이 내려 길에 눈이 매우 두껍게 쌓였다. 그는 갑자기 부동자세를 취하면서 나에게 경례를 했다. 그리고 나서 한 손은 썰매줄을 손에 감고, 한 발은 썰매를 밟고, 한 발 한 발씩 점점 멀리 갔다.

그 석탄 덩어리 덕분에 우리집은 한동안 따뜻하게 보낼 수 있었다.

한편, 내가 농촌에 내려가기 전에 위안위안네 집에 가서 작별 인사를 하려고 했는데 위안위안네 집이 다른 데로 이사가서 결국 그를 만나지 못했다. 그의 할머니 집에도 찾아갔는데 방문이 잠겨 있었다. 한 이웃이 말해 줬는데 할머니가 세상을 떠났고, 그 집이 다른 사람에게 팔렸다고 하였다. 내가 하향운동에 들어간 이듬해의 어느 날, 일 보러 연대부에 갔을 때 누군가가 나를 부르는 소리가 들렸다. 돌아보니 뜻밖에도 천위안위안이었다. 그가 그때 연대부에서 전기공 반장이 되었다고 말해 줬다. 우리 둘은 너무 반가워서 포옹을 했다. 그 뒤에 나는 연대부에 갈 때면 매번 그에게 가서 밥을 얻어먹었고, 그는 나를 볼 때마다 매우 기뻐했다. 그리고 그 후에 우리 연대의 일부 지식 청년들은 다른 연대로 전근해야 했는데, 그 중에 천위안위안이 있었다. 그 이후로 우리는 다시 만난 적이 없다.

나는 어린 일꾼이 되었다!

23

비록 나는 이미 성인들이 볼 수 있는 서적을 보기 시작했지만, 만화책에 대한 애착은 여전히 남달랐다. 우리집 부근에는 서너 개의 만화방이 있었는데, 거기서 만화책을 보는 것은 나에게 너무나 즐거운 시간이었다.

어느 날 밤에 나는 만화방에 찾아갔다. 너무 몰두하여 시간 가는 줄도 모르고 어느새 만화방에 나만 홀로 남아 있었다. 그러나 사실 그때 나는 내 손에 들고 있는 만화책을 겨우 몇 페이지밖에 못 읽었다.

그 만화방 주인은 할아버지였다. 할아버지가 나에게 상의하듯이 말했다. “저기, 우리 둘이 이젠 낯이 익었으니까 내가 한동안 참았던 말을 해 줘도 될까? 지금 바로 말하지 않으면 안 될 것 같네. 있잖아. 시간을 좀 봐봐. 벌써 9시가 넘었어. 이 시간에 귀가하지 않으면 너네 부모님이 걱정할 텐데…내일 다시 와서 그 책을 보면 안 돼? 내일 와서 보면 돈 받지 않을 것 약속하마.”

그 당시에 하얼빈에서 저녁 9시가 넘으면 중학생에게 확실히 늦은 시간이었다. 특히 겨울에는 더욱 그랬다. 나는 겸연쩍게 그 만화책을 내려놓았다.

따뜻한 만화방에서 나오자 바깥의 추위가 나로 하여금 부들부들 떨게 했다.

도로에는 이미 차량이 없었지만 세 사람이 도롯가를 따라 걸어오고 있었다. 그 중의 두 사람은 가운데 한 명을 부축해서 걷고 있었는데, 가운데 그 사람은 몸을 추스르지 못했는데 아마도 다리에 상처를 입은 모양이었다.

나는 혹시나 그들이 내 도움이 필요하지 않을까 해서 바로 길을 건너지 않았다.

그들도 나를 보았고, 그 중 한 명이 나에게 '구상顧鄕'이라는 곳에 어떻게 가느냐고 물었다.

나는 손가락으로 곧장 앞으로 가면 도착할 수 있다고 알려줬다.

그랬더니 그 사람은 이어서 말했다. "저기, 제발 나 좀 도와줘. 나 대신 이 사람 좀 부축해 줘. 난 신발 뒤축을 좀 잡아당겨야 해."

나는 잠시 망설이다가 그 사람과 교체해 줬더니 강한 술 냄새가 팍팍 풍겨왔다.

그러나 신발 뒤축을 당겨야 한다는 그 사람은 신발을 잡아당기지 않았다. 그는 가운데 사람이 떡실신이 돼서 혼자 집에 갈 수 없다고 말해 줬다. 또한 본인의 집은 반대 방향에 있어서 계속 앞으로 같이 가주면 자신도 집에 못 찾아갈 것 같다고 덧붙였다.

그때 그는 뒷걸음을 치면서 이야기하고 있었고 말이 끝나자 냅다 도망치려 했다. 그 사람도 술에 취한 상태였고 비틀거리며 걸었다.

"저기요, 가지 마세요!" 나는 그 사람을 향해 외쳤다.

내 목소리를 듣자 그는 뛰기 시작했다. 뛰다가 넘어졌지만 곧바로 일어나서 계속 비틀비틀 달렸다.

나머지 한 사람이 욕 한 마디를 하고, 곧이어서 나에게 말했다. "애야, 끝까지 도와줘. 부디 우리 둘을 내버려두지 마. 난 여기 길을 잘 몰라. 혼자 이 사람을 데려다 줄 수 없어!"

나는 "좀 더 가면 버스 정류장이 있거든요. 제가 거기까지 도와드릴 테니까 두 분께서 거기서 버스를 타면 될 것 같아요."라고 말했다.

"이 시간에 올 차가 있으려나? 기다리다 막차가 와도 이 꼴을 한 우리 둘을 버스에 태워줄 것 같지 않아." 그는 이렇게 말하면서 한숨을 내쉬었는데 술 냄새가 폴폴 났다.

"앞으로 한 정거장 정도 쭉 가면 신양로新陽路의 끝에 도착해요. 거기에서 구샹까지 멀지 않아요. 그럼 제가 거기까지 도와드릴게요."

그는 연거푸 "좋아 좋아. 고마워."라고 말했다.

나는 술에 취한 남자와 함께 가운데에 있던 취한 남자를 부축하여 앞으로 걸어갔다. 그러나 가운데 그 남자가 토하면서 토사물이 내 옷에도 묻어 버렸다. 결국 가운데 사람이 더 이상 한 걸음도 못 걷듯 길가의 나무에 기대어 주저앉았다.

나는 바닥에 눈을 주워 먼저 내 옷을 닦았고, 그리고 주저앉은 남자의 상의도 닦아줬다. 술을 빨리 깨워주기 위해서 눈으로 그의 얼굴도 닦아줬다. 그러나 그 와중에 나머지 남자도 도망쳤다.

"야! 이 나쁜 놈아." 나는 화가 치밀어 욕을 했다.

도망을 친 그 남자가 달리면서 뻔뻔스럽게 말했다. "신양로 금방 도착하잖아. 거기에서 그 사람 집까지 멀지 않아. 토하고 나면 혼자 걸어갈 수 있으니 네가 약속한 데까지 데려다 주고 너도 상관하지 말고 가면 돼."

그런 상황에서 나는 욕을 더 해봤자 아무 소용이 없다는 것을 알고 있기에 더 이상 욕하지 않았다.

그때 앉아 있는 남자가 내 옷자락을 잡아당기며 불쌍한 표정을 지으며 말했다. "얘야, 제발 나 혼자 여기에 내버려두지 마라. 이 추운 밤에 여기서 누워버리면 나는 얼어 죽을 거야. 난 자식 세 명이나 있어! 내 목숨은 너에게 달렸어."

일이 이 지경까지 되다보니 나는 계속 그를 부축해서 가는 것 외에는 어찌 할 방법이 없었다.

그는 토한 후 정신이 좀 들어서 스스로 몇 걸음 걸을 수 있게 되었다. 그렇지 않으면 중학생인 나는 혼자 그를 앞으로 부축하여 갈 수 없었을 것이다.

그는 말재주가 좋은 편이라 가는 내내 내 비위를 맞추기 위해 계속 화제를 찾아 나하고 대화하려고 노력했다.

대화 중에 나는 그 사람이 구상顧鄕에 있는 어느 자동차 정비 공장의 6급 기술공으로 일하고 있는 것을 알게 되었다. 그는 공장에서 견습공 두 명에게 기술을 가르치고 있으며, 기술직 부문에서 꽤 중요한 역할을 하고 있다고 했다. 방금 도망을 친 두 사람은 그하고 잘 아는 사이가 아니라, 그저 자동차 수리 기술자와 손님의 관계에 불과했다며, 두 사람은 차량 수리비를 아끼려고 시내에서 그를 접대한다고 식사를 마련한 것이었다.

그에 관한 이야기를 듣고 나서 내 머리속에 소용돌이가 치기 시작했다. 처음에 내가 그저 아무 생각 없이 그를 도와주려는 거였다면, 그때 나는 사심이 생겼다. 혹여 이 사람을 알게 되었기 때문에 졸업 후에 일자리 문제가 쉽게 해결되지 않을까 하는 생각이 들었다. 그렇게 된다면 나는 죽기살기로 사범학교 시험을 보지 않아도 되고, 졸업하자마자 바로 그의 공장에서 출근을 할 수 있을 것 같다고 생각했다. 어떤 직종이든 기술자 8급이 최상위 레벨이니까 자동차 수리 6급이면 거의 상위권에 가까운 수준이므로 그를 스승으로 모실 수 있다면 나는 초등학교 국어 선생님이 될 필요도 없겠다고 몰래 꿈을 꿨다.

이렇게 생각하니 내가 오늘 겪은 일은 순간 재수없는 일이 아니라, 오히려 대단한 행운처럼 느껴졌다.

그는 나를 기쁘게 해 주기 위해 나를 착한 학생이라고 칭찬했고, 칭찬을 들은 나는 무사히 집까지 배웅해 주겠다고 약속해 줬다.

신양로의 끝에는 아주 넓은 도로가 있고, 그곳에 몇 개의 트롤리버스의 종점이 있었다. 그리고 그 도로를 따라 도시와 시골이 나누어졌다.

그 도로를 건너가면 구샹구역에 도착할 수 있었다. 구샹구는 원래 '구샹둔顧鄉屯'이라고 불렀는데, 아주 작은 마을이었다가 그 후에 구청의 소재지가 되었다. 구청 건물의 맞은편은 제15중학교였고, 그 학교에 재학하는 학생들이 대부분 농가 자녀들이었다.

한편, 그 사람을 부축해서 가다가 그는 힘들다고 말했다. 사실 그때 나도 너무 피곤했고, 속옷까지 땀에 흠뻑 젖었다. 우리 둘은 길가에 앉아서 잠시 쉬었다.

그리고 나는 다시 그를 부축하여 그 큰 도로를 건너는데 5분 가량 걸렸다.

구샹구역에 들어서자 그는 이렇게 말했다. "오늘 다행히 너를 만났어. 난 정말 운이 좋은 것 같다. 오늘 너무 고마웠어. 이젠 나 혼자 집에 걸어갈 수 있으니 더 이상 데려다 주지 않아도 돼." 나는 그 말이 진심 어린 말이라는 것을 느꼈다.

"이왕 여기까지 왔으니 집까지 같이 가 드릴게요." 나는 곧이어 이렇게 말했다.

내 말은 그가 생각하는 것과 꼭 들어맞았는지 그는 연거푸 말했다. "진짜 가까운데, 괜찮은데…너 정말 착한 아이구나."

구샹구 지역으로 들어가는 첫 번째 길은 오르막길이었다. 길목에는 공장이 하나 있는데 철판대문이 꽉 닫혀 있었다. 문 위에 '둥펑東風자동차 정비공장'이라는 간판이 걸려 있었고, 가로등 불빛 아래 간판 위의 글자가 매우 선명했다. 그곳은 바로 그 사람이 출근하는 공장이었다.

하지만 그의 '아주 가깝다'라는 말이 거짓이었고, 하나도 가깝지 않았다. 여러 번 길을 돌고, 그리고 몇 개의 마을길을 지나, 한 20여 분 가량 걸은 후에야 그의 집 앞에 도착했다. 거기에 흙벽돌집이 나란히 있었고, 집 대문은 모두 도로에 접해 있었다.

그의 집은 방 하나, 그리고 방 크기의 절반 정도가 되는 주방 하나가 전부였다. 벽난로는 벽과 이어져 있으며, 벽 모퉁이에는 석탄, 장작, 배추, 무와 감자가 쌓여 있었다. 낡은 찬장은 다리 하나가 빠져 있어 몇 개의 벽돌로 받쳐져 있었다. 집 상태를 보니 그가 이 집에 입주한 지 얼마 안 된 것으로 추정됐다 .

집 안방에도 온돌이 있고, 온돌 옆 나무 선반 위에 상자 두 개가 가로로 놓여 있었으며, 그것이 테이블 역할을 하는 모양이었다. 창문에는 아직 커튼이 쳐져 있지 않았다.

우리 둘이 안방으로 들어갈 때 두 남자아이와 한 여자아이가 따뜻한 벽에 기대며 온돌침대에 앉아 있었다. 여자아이가 막내로 겨우 네다섯 살이었고, 맏이 남자아이는 열 살 남짓이었다. 맏이 남자아이의 얼굴은 좀 깨끗해 보이지만 동생들의 양 볼은 모두 까맣게 되어 있었다. 아마도 여러번 소매로 콧물을 닦아서 콧물이 말라붙은 것 같았다. 두 아이는 적어도 이틀 동안 세수를 한 번도 안 한 것이 분명했다.

아이 셋이 모두 놀라운 눈으로 눈앞의 낯선 사람을 쳐다보았고, 마치 족제비 세 마리가 다른 종류의 동물을 보는 것 같았다. 비록 위험한 상황이 아니라는 것을 알아챘지만 다소 당황스러워했다.

나는 그들에게 설명했다. 아버지가 술에 취해서 혼자 집에 올 수 없었고, 나는 그저 상관없는 행인이지만, 우연히 그들의 아버지를 만나서 집까지 배웅해 준 것이라고 말했다.

내 말을 듣는 동안 그들은 모두 나를 노려보며 한마디도 하지 않았다. 아버지가 술에 취한 일에 대해 그들은 이미 매우 익숙해진 것 같았다.

그리고 그들의 아버지도 한 마디 하지 않았고 온돌침대에 올라가 베개 하나를 잡아당겨, 신발도 벗지 않은 채 베개를 베고 쭉 뻗었다. 그 순간 그에게는 나조차 이 세상에 존재하지 않는 것 같았다.

나는 더 이상 할 말이 없었고, 그리고 아무 말도 하기 싫어서 세 아이에게 억지로 웃으며 그 집에서 나왔다.

멀리서 한 마른 사람이 두 손을 소매 안에 넣고 우리집 앞에 있는 거리의 길 어귀 유일한 가로등 밑에서 서 있는 것이 희미하게 보였다. 우리 어머니였다! 어머니가 나를 맞이하러 나왔다.

어머니가 나를 보자, "지금 몇 시인지 알아?"라고 언성을 높였다.

"엄마, 미안해요. 걱정하게 해서 미안해요."

나와 어머니가 집에 도착한 시간은 이미 11시가 넘은 밤이었다. 그리고 나는 어머니에게 오늘 겪은 일을 낱낱이 이야기했다.

어머니는 듣고 나서 이렇게 말했다. "그렇다면 나 뭐라 하지 않을게. 오늘 잘했어. 얼른 자거라."

나는 그날 겪은 일을 대부분 사실대로 어머니에게 털어놨지만 내 사심 부분은 언급하지 않았다. 나는 차마 그 6급 기술공에게 내 희망 사항을 걸었다는 이야기는 어머니에게 하지 못했다. 어머니가 그 내용을 듣고 밤에 잠을 이루지 못할까 봐 나는 쉽게 말을 못 꺼냈다. 그때 어머니는 여전히 내가 초등학교 국어 선생님이 되기를 간절히 바라고 있기 때문이었다.

다음날 오후 서너 시에 나는 핑계를 대고 '6급 기술공'의 집으로 다시 찾아갔다. 그 공장을 지날 때, 나는 잠시 발걸음을 멈추고 안을 바라보았다. 마당은 크지 않고 벽돌로 지은 사무실 두 칸이 있었다. 마당 가운데에 수리할 트럭 한 대가 세워져 있고, 여기저기 낡은 타이어와 부품이 널려 있으며 바닥에는 기름때와 뒤섞여서 얼어붙은 더러운 얼음 덩어리가 곳곳에 있었다. 그러나 사람은 한 명도 보이지 않았다.

나는 그 공장에 대한 인상이 매우 안 좋았다.

그러나 나의 희망 사항은 여전히 마음속에 맴돌았다. 왜냐하면 그것이 만약 현실이 된다면, 나는 적어도 3년 정도 일찍 가족을 위해 돈을 벌 수 있다고 생각했다.

내가 다시 나타난 것에 대해 세 아이는 놀라면서도 환영하는 눈빛이었다. 그들은 오랫동안 외로웠던 것 같았다.

그 집에는 심지어 물독도 없어서 물독 대신에 물통을 사용하고 있었다. 한 물통은 아예 비어 있었고, 다른 한 물통은 물이 조금만 남아 있었다. 나는 세숫대야에 물을 부어 주고, 대야를 난로 뚜껑 위에 놓고, 이 집의 맏이인 남자아이에게 물이 데워지면 갖고 와서 동생들에게 얼굴을 닦아주라고 했다.

그리고 물 긷는 곳이 어디인지를 알아본 후에 나는 물을 길러 나갔다. 돌아와서 보니 두 아이의 얼굴은 드디어 '얼룩 고양이'가 아니었다. 그러나 그들의 솜옷이 너무나 더럽고, 특히 소매 부분이 너무 더러워서 번들번들 빛날 정도였다. 방이 따뜻하지 않아서 그 두 아이가 분명히 콧물을 자주 흘렸고, 소매가 그렇게 된 것은 자연스러운 일이었다.

다시 반 대야 정도의 물을 채워 주고 맏이에게 동생들의 소매를 깨끗이 닦으라고 시킨 다음에 나는 죽을 끓이고 요리를 하기 시작했다. 밥이 다 되어 갈 때 맏이가 맡은 일도 막 끝났다.

"아저씨, 더 이상은 어려울 것 같아요." 큰 아이가 이렇게 말했다. 그는 소매에 묻은 때를 깎아내려고 자기 아버지의 면도칼까지 사용하여 열심히 깎았고, 심지어 소매 부분이 살짝 찢어졌다. 비록 내 요구에 미치지 못하지만, 한겨울에 아이들의 소매를 너무 축축하게 만들 수 없으니 나도 그 상태가 이미 최선인 것 같다고 생각했다.

그들이 나를 '아저씨'라고 부르는 것은 내 나이에 맞지 않은 것 같았지만 나를 형이라고 부르는 것도 적절하지 않은 것 같았다. 둘

중에 하나를 반드시 택하자면 나는 차라리 '아저씨'라는 호칭이 낫다고 생각했다. 왜냐하면 그렇게 불리면 나와 그들의 아버지 사이의 관계가 어느 정도 평등해진 것 같아서였다.

그들이 밥을 먹을 때 나는 한쪽에 멍하니 앉아 생각에 빠졌다. 그들은 나로 하여금 초등학생 때 내 모습과 동생들을 연상하게 했다. 그때 나는 집안일을 아주 잘했기 때문에 동생들이 그렇게 깔끔하지 못할 정도는 아니었다. 또 집 내부 곳곳을 나는 항상 최선을 다하여 깨끗하게 정리해 놨다. 그러나 이 집의 맏이 남자아이는 아직 그런 능력이 부족한 것 같았다. 나는 그들에게 어머니에 대해 언급하지 않았다. 그것을 물어볼 필요가 없다고 생각했다. 잘못하면 그들의 어린 마음에 상처를 줄 수 있기 때문이었다. 그래서 나는 그들에게 아무것도 묻고 싶지 않았고, 그때까지 내가 맏이 아이를 통해 알아본 유일한 '정보'는 그들 아버지 이름은 '저우샹周翔' 이라는 것이었다.

아이들의 식사가 막 끝났을 때 저우샹이 샤오빙 몇 개를 사 가지고 돌아왔다.

나는 그가 입고 있던 작업복이 마치 기름을 짜낼 수 있을 것처럼 더럽다는 것을 똑똑히 보았다.

내가 다시 이 집에 나타난 것에 대해 저우샹이 그의 아이들보다 더욱 놀랐다. 그러나 그것은 단지 그의 순간적 반응이었고, 그는 즉시 익숙해했다. 마치 내가 그하고 서로 아주 잘 아는 사람처럼 대해줬다.

그는 집에 잠깐 있다가 곧바로 일을 보러 나가야 된다고 말했다. 그리고 나가면서 나에게 나가고 싶으면 나가도 되고, 아이들과 함께 더 있으려면 그가 반대하지 않겠다고 말해 줬다.

몇 마디 말만 하고, 담배 한 대를 피우고서 그는 다시 일어나서 집을 나갔다.

세 아이가 모두 가여운 눈빛으로 나를 바라보고 있어서 나는 바로 떠나기 어려웠다. 그들에게 동화이야기 하나 해 준 후에 나도 그 집에서 나왔다. 나는 집에 너무 늦게 들어갈 수 없었다. 어머니가 거리 모퉁이에서 추운 양손을 소매 안에 넣은 채 나를 기다리게 하고 싶지 않기 때문이었다.

그 후에 나는 저우샹네 집에 한 대여섯 번 간 적이 있다. 때로는 연이어 가기도 하고, 때로는 격일로 가기도 했다. 저우샹이 일찍 집에 온 적도 있고, 아주 술에 취한 상태로 늦게 돌아온 적도 있다.

마지막으로 갔을 때 그는 비교적 일찍 돌아와서 몸에 술 냄새가 나지 않았다.

그는 온돌침대 가장자리에 앉아 담배를 말면서 나에게 이렇게 말했다. "어떤 이득을 기대하면서 이 집에 찾아온 거면 그게 헛된 희망이라는 것을 너도 충분히 알았겠지."

나는 벽에 기대어 그를 마주보며 응답했다. "전 그런 생각이 없습니다."

그는 담배를 한 모금 빨고 고개를 들고 나를 쳐다보며 말했다. "그럼 네가 바라는 게 뭐야? 굳이 여기 찾아오는 이유는?"

"저를 견습생으로 받아주기를 기대하고 있습니다. "

저우샹이 놀란 듯이 입을 크게 벌렸다.

나는 배웅해 준 그날 밤에 그가 말한 것을 낱낱이 이야기해 줬다.

"내가 그랬어?"

그는 내 말에 의심을 하지 않았지만 자신이 그런 말을 한 것에 대해 매우 놀란 듯했다. 그의 표정을 통해 나는 그가 분명히 부끄러움을 느꼈다는 것을 알게 됐다.

"확실히 저에게 그렇게 말했습니다."

그가 이 말을 듣고 이어서 말했다. "얘야, 그건 취담이었어! 취한 사람이 말한 것을 사실로 받아들이면 안 돼. 너도 아마 그 공장을 몇 번이나 지나가 봤지? 오늘 할 일이 있지만 내일 할 일이 없을 수도 있는 현실, 나 자신조차도 월급을 제대로 못 받아서 늘 걱정하는데…"

그는 담배꽁초를 버리고 발로 밟으며 고개를 숙였다.

나는 멍하니 있다가 무슨 말을 해야 할지 몰랐다. 한참 후에야 나는 다시 물었다. "그럼 6급 기술공이 아니세요?"

그는 작은 소리로 "자네한테 진짜 미안하네."라고 말했다.

나와 그가 그의 세 어린 자녀 앞에서 그런 대화를 나누다니, 그것은 절대 내가 예상치 못했던 일이었다. 그로 인해 나는 매우 난처하고 어색한 느낌을 받았다. 그런 대화는 나와 저우샹이 단둘이만 있을 때 꺼낼 수 있는 대화라고 생각했다.

그는 이어서 말했다. "오늘 말을 분명히 했으니 앞으로 더 이상 오지 마라. 앞으로 또 온다면 상황이 더 애매하고 복잡해질 수 있으니까."

내가 온돌침대 쪽을 바라보니 세 아이가 모두 나를 뚫어지게 쳐다보았다. 그 눈빛에 섭섭한 느낌이 있었다. 나는 고개를 숙이고 그 집에서 나왔다.

그날 밤은 달이 없었고 어두워서 눈이 올 것 같았다. 찬바람이 쌩쌩 불어서 내 발걸음을 재촉했다.

이 일에 대해 나는 후에 어느 글에서 언급한 적이 있는 것 같다. 글에서 나는 다음과 같은 말을 써 놓은 것 같다. '나는 저우샹과 그 자녀들의 삶이 점차 좋아지기를 기원한다.'

지금 다시 생각해 보면 내 생각은 조금 달라졌다. 물론 저우샹과 그 자녀들의 삶이 더 좋아지기를 기원하는 것은 변하지 않았고, 그리고 그들의 그후 생활이 틀림없이 좋은 방향으로 가게 될 것이라고 믿는다. 그러나 여기서 나는 저우샹이 아버지로서 부족한 부분에 대한 불만을 표하고 싶다. 그가 나를 속였기 때문이 아니라, 그가 아버지로서 그렇게 행동해서는 안 되기 때문이다! 아무리 스트레스를 받더라도, 적어도 폭음을 일삼는 일을 해서는 안 되고, 자식들을 위해 매일 일찍 집에 돌아가서 더 많은 시간을 아이들과 함께 보내야 한다는 말이다.

아버지는 자식들과 혈연 관계일 뿐만 아니라, 아버지로서 반드시 짊어져야 할 책임을 끝내 져야 한다고 생각한다.

그러나 그날 밤에 나는 집을 향해 가던 중에 이러한 생각이 들지 않았고, 그저 취담에 속은 괴로움에 빠졌을 뿐이었다.

한편 도망친 그 다른 두 명의 무책임한 어른에 대해 말하자면, 나는 그 두 사람을 생각할 때마다 혐오스러운 감정을 느끼게 된다. 나는 중국에서 그러한 사람이 갈수록 줄어들기를 바라며, 모든 아이들이 성장과정에서 절대 그런 사람과 만나게 되지 않기를 기원한다.

가장 멀리 걷던 날

24

친절한 이웃 아주머니가 우리 어머니에게 정보 하나를 알려줬다. 라디오를 통해 들은 건데 시골에 정부가 경영하는 어느 보건소에는 연로한 한의사가 계신데, 그 분은 정신 질환을 치료하는 데 경험이 풍부하고, 처방해 주는 약이 효과가 매우 좋다고 했다.

그 보건소는 강북江北, 즉 쑹화장松花江의 북쪽 기슭에 있었다. 당시에 강북은 시골 마을에 속했다. 쑹화장 대교를 건너서 얼마 더 가야 보건소에 도착할 수 있는지 정보를 제공해 준 그 이웃도 정확히 몰랐다.

그럼에도 불구하고 어머니는 형을 위해 약을 사러 가겠다고 했다.

그 시절에는 라디오에서 방송하는 정보가 어머니와 같은 사람들에게 큰 희망과 기대를 품게 하는 일은 너무나 정상적인 일이었다.

그러나 나는 어머니가 한의사를 찾아가는 일을 단호히 반대했다. 강북까지 가려면 다리를 건너야 하고, 다리를 건너려면 회전계단을 오르내려야 하는데 겨울철에는 회전계단의 철제 발판이 너무나 미끄러워서 어머니가 사고를 당할까 봐 걱정돼서 나는 어머니가 강북에 가는 것을 말리려고 했다.

"어떻게든 나 한 번 가봐야 해. 조심할 테니까 걱정 마." 어머니가 가겠다고 마음먹은 것 같았다.

"그럼 엄마가 가지 말고 내가 대신 다녀올게." 나는 잠깐 고민을 하다가 어머니에게 말했다.

결국 나의 설득으로 어머니가 내가 가는 것을 허락해 줬다.

우리집에서 쑹화장까지 가려면 먼저 버스 세 정거장을 타서 세 원斜紋거리 교차로에서 내려야 했다. 그러나 세 정거장 간의 거리는 모두 짧은 편이라, 게다가 한 정거장에서 정차 시간이 오래 걸렸다. 0.1위안의 버스 요금이 들어야 할 뿐더러 10여 분을 기다려야 할 바에야 차라리 걸어가는 것이 더 낫겠다고 판단해서 나는 버스를 타지 않고 세원거리를 향해 걸었다.

세원거리를 지나서 하얼빈의 유명한 거리인 중앙대가中央大街를 따라 끝까지 가면 방홍기념탑防洪紀念塔이 보이고, 그것을 지나면 쑹화장대교가 보인다. 쑹화장대교는 방홍기념탑의 왼쪽에 있다.

급히 걷느라 또 두껍게 옷을 입고 왔기 때문에 내가 대교 어귀에 도착할 때는 이미 온몸이 땀범벅이었다. 회전계단은 예상대로 미끄러웠고, 그때 나는 어머니를 보내지 않은 것이 정말 다행이라고 생각했다.

대교 밑에서는 바람이 그렇게 센지 몰랐는데 대교 위에 오르자마자 바람이 얼마나 센지 털모자가 휙 날아갈 뻔했다. 나는 얼른 모자 끈을 단단히 꽉 묶고 몸을 굽힌 채 걸었다.

대교에서 내려서 보니 눈앞이 눈이 덮인 하얀 세상 뿐이었고, 잠시 어느 방향으로 가야 할지 모르게 되었다. 광활한 천지 사이에 바람이 더욱 거세졌다.

조금 떨어진 곳에는 눈더미 뒤에 지붕 하나가 보일락 말락 했다. 지붕도 하얘서 자세히 보지 않으면 거의 알아볼 수 없었다.

목적지하고 반대 방향으로 가더라도 지붕 있는 데까지 가면 사람에게 길을 물어볼 수 있으니 나는 지붕이 보인 쪽으로 향해 가기로 했다. 그 당시에 휴대폰이나 내비게이션 같은 것이 없어서 낯선 곳을 찾으려면 사람들에게 물어보면서 갈 수 밖에 없었다. 그러나 그때 나에게 주어진 난제는 내 시야 범위에서 사람 한 명도 보이지 않는 것이었다.

내가 도착한 곳은 십여 가구밖에 살지 않는 마을이었다. 중국 북방에서는 그런 작은 규모의 마을을 '툰屯'이라고 부른다. 그 집 대문을 두드리기 전에 어떤 할아버지가 마당에 쌓여 있는 눈을 치우고 있는 모습이 보였다. 그 할아버지를 통해 나는 제대로 찾아왔다는 것을 알게 되었고, 또 계속 길을 따라 앞으로 쭉 가면 다음 마을이 나오고, 거기서 사람들에게 길을 물어보면 목적지에 도착할 수 있다는 정보를 얻었다.

그 당시에 강북 지역에는 시멘트 도로조차 없었고, 아스팔트 도로는 없었다. 눈에 덮인 도로는 양쪽의 들판과 하나로 이어지게 되고 그 경계선을 분간하기 어려웠다. 도로에 마차나 트럭의 바퀴 자국이 없다면 빗나가기 쉬워 얼떨결에 들판으로 나가다가 헛걸음을 칠 수 있었다. 그러므로 나는 발걸음을 늦추고 일정 거리를 가다가 잠깐 멈추어 방향을 파악하기로 했다.

네다섯 마을을 지나면서 한번 마을 주민에게 문을 두드려 길을 물어보고 또 한참 걸은 다음에 마침내 인민공사보건소에 도착했다. 대기표를 받고 순번을 기다리는 동안 주변을 살펴보니 진료를 기다리는 사람들이 적지 않았다. 모두 소문을 듣고 가족을 위해 처방을 받으러 온 사람들이었다.

시골 아주머니 한 분이 나에게 어디에서 왔느냐고 물었다. 내 대답을 들은 즉시 거기서 여기까지 어떻게 왔느냐고 아주머니가 곧이어 물었다. 걸어서 왔다고 했더니 그 아주머니가 몹시 놀라워 하면서 말했다. "애야, 너는 적어도 5킬로 넘게 걸었구나!"

나는 어찌 대답해야 할지 몰라서 그저 쓴웃음만 짓고 말았다.

아주머니는 한숨을 내쉬며 딸을 위해 약을 지으러 왔다고 말했다. 말을 끝내시고는 눈물을 주르륵 흘리셨다. 그때 나는 아직 사람을 달래는 법을 몰라서 그런 상황에서 무슨 말을 해야 할지 더욱 몰랐다. 그저 자리에서 일어나서 아주머니를 내 앞에 줄을 서도록 양보했다. 그러나 아주머니는 나에게 고맙다고 하고 내 앞에 오지도 않고, 오히려 다른 사람들을 설득해서 나를 줄 앞에 서도록 했다. 줄을 선 사람들은 모두 시골 사람들이었고, 아주머니를 통해 내가 시내에서 왔다고, 게다가 나이도 어리다는 것을 듣고 모두 나에게 앞 자리를 양보해 주려고 했다. 이 사람 저 사람 모두 양보해 주니 결국 나는 줄 맨 앞쪽에 서게 되었다.

얼마 지나지 않아 나는 그 유명한 한의사를 만났다. 의사 선생님이 우리 형의 병세를 끝까지 들어주지 않았고, 중간에 내 이야기를 끊었다. "애야, 정보 준 사람이 너에게 제대로 설명 안 한 모양인데…나는 정신과 의사가 아니라, 집안 대대로 전해 내려오는 요법으로 뇌전증을 치료해 주는 의사다. 뇌전증이랑 정신적 질환은 완전히 다른 거거든."

그 말을 듣고 나는 멍해졌다. 그리고 갑자기 울고 싶어졌다.

의사 선생님이 나를 쳐다보며 이어서 말했다. "애야, 마음을 조급하게 갖지 마라. 나에 대한 소문을 듣고 멀리서 찾아왔으니, 내가 너를 빈손으로 돌아가게 해서는 안 되지. 음…그럼 이렇게 하자. 정신 질환이 있는 환자에게 정신적 안정이 가장 중요한데, 정신적 안

정에 도움을 줄 수 있는 약초를 처방해 줄게. 그리고 돌아가서 꼭 어머니에게 전해 줘. 현재 이 세상에 정신병을 치료할 수 있는 약은 아직 없단다. 더 이상 돈을 쓰면서 여기저기 의사를 찾아다닐 필요 없다. 입원이 가능하면 되도록 입원 치료를 받으면 좋겠다. 정신병원이 그나마 증상을 완화시킬 수 있는 유일한 곳이다."

의사 선생님은 이렇게 알려주고 나서 간호사를 불러 나를 데리고 약을 받으러 가라고 했다. "이 아이에게 돈을 받지 마라!" 의사 선생님이 간호사에게 이렇게 당부했다.

내가 의사 선생님과 간호사에게 감사하다는 인사를 하고 약초 몇 봉지를 들고 밖으로 나갔을 때 한 남자가 나를 따라 나왔다.

그가 무슨 나쁜 의도라도 가지고 나에게 접근할까 봐, 나는 그 사람을 경계하면서 슬쩍 쳐다봤다.

그 사람은 나에게 무서워하지 말라고 하면서 절대 다른 의도가 없다고 말했다. 다만 내가 입고 있는 그 무늬 없는 양가죽 코트를 사고 싶어서 20위안으로 살 수 있는지를 물어보려던 것이었다.

그 코트는 아버지가 중국 신장新疆성에서 20위안을 주고 사 온 것이라고 들었다. 아버지가 멀리서 하얼빈까지 가져왔기 때문에 팔려면 30위안을 받고 팔 수 있다고 생각했다. 그 시절에는 동북 지역에서 신장에서 나온 세모종 면양의 가죽으로 봉제된 그런 외투를 사기 어려웠다.

그러나 그 남자가 가진 게 20위안밖에 없다고 했다.

나는 20위안으로 거래하면 손해 보는 거라 집에 가면 혼날 것 같아서, 그렇게 팔 수 없다고 그 남자에게 이야기했다.

그 남자는 정말 그 코트가 마음에 든 것 같았다. 그는 잠시 기다리라고 하면서 돈을 빌리러 보건소에 들어갔다. 눈 깜짝할 사이에 그는 기쁜 목소리로 돈을 빌렸다고 말하면서 나왔다.

나는 돈을 먼저 받아야 옷을 벗어 줄 수 있다고 거듭 말했고, 그는 내가 말한 대로 해 준다고 했다.

옷을 벗은 뒤 그는 잠시 망설였다. "애야, 너는 집까지 가는데 한 십여 리를 걸어야 할텐데, 이 얇은 솜옷만 입고 가면 되겠니?"

"네, 괜찮아요. 저는 추위를 잘 견뎌요." 그의 마음이 바뀔까 봐 나는 가죽 외투를 그의 품에 집어넣고 후다닥 쏜살같이 달아났다. 외투를 벗으니 몸이 훨씬 가벼워졌다. 호주머니에 30위안이 들어와서 기분이 얼마나 좋은지 말로 표현할 수 없을 정도였다. 30위안이라니! 우리집 한 달 생활비로 써도 충분한 돈이었다. 오는 길보다 돌아가는 길이 더 익숙해서, 게다가 '임무'도 훌륭히 완성했으니 내 마음이 한결 홀가분하여 온몸에 힘이 나고 걸음도 저절로 빨라졌다. 가는 중간에 뛰기도 했다.

"어머나! 무슨 일이 있었어? 너는 왜……" 머리카락이 다 젖은 채로 돌아온 내 모습 보고 어머니가 몹시 놀랍고 불안해했다.

"모든 일이 순조로웠어요. 엄마, 저 지금 목이 말라 죽을 것 같거든. 이따 말씀드릴게요."

나는 그릇 하나를 들고 항아리 뚜껑을 열어 찬물을 마시려는데 어머니가 얼른 나를 말렸다. 그리고 당장 신발을 벗고 온돌침대에 올라가서 뜨뜻한 아랫목에 앉아 기다리라고 하면서 설탕을 넣은 생강차를 끓이러 나갔다.

온돌에 올라가자 나는 그제서야 발이 아픈 것을 느꼈다. 발싸개가 이미 흩어져 있고 두 발에 물집이 몇 개 생겼다.

어머니가 끓여 준 생강물을 마시고 나니 등에 땀이 줄줄 흘렀다. 어머니가 내 땀을 닦아 주는 동안 나는 약을 사러 간 도중에 일어난 일들을 어머니에게 말했다. "엄마, 제가 양가죽 외투를 팔았다는 것에 대해 꾸짖지 말아 주세요. 저는 잘 팔았다고 생각하거든요."

"엄마가 어찌 너를 꾸짖을 수 있겠어? 만약 약을 사러 간 사람이 나라면 집에 언제 돌아올 수 있을지 아무도 몰라." 어머니는 그렇게 말하면서 나를 껴안아 주려는 듯 했지만 결국 그렇게 하지 않았다. 왜냐하면 동생 둘과 여동생이 모두 존경하는 눈빛으로 나를 바라보고 있기 때문이었다. 그들의 눈에는 둘째 형인 내가 마치 위험을 무릅쓰고 돌아온 용사처럼 보였다. 동생들에게 30리라는 거리를 왕복하는 것은 하나의 장거壯擧를 이룩한 것과 다름이 없었다. 어머니가 나를 안아주지 않은 것은 아마도 내 '용사'의 이미지를 손상시키지 않기 위해서였을 것이다.

정신이 왔다갔다하는 형도 옆에서 나에게 정신이 번쩍 드는 말 한 마디를 했다. "감기 걸리지 마."

어머니는 형의 말을 이어받았다. "너를 위해 동생이 힘들게 약을 지으러 갔잖아. 고맙다는 말을 해야지?"

하지만 형은 몸을 돌려 또 정신 나간 소리를 중얼중얼 하기 시작했다.

그것을 본 어머니는 동생들에게 말했다. "너희들에게 둘째 형이 있는 거 참 다행스럽지?" 동생들이 고개를 끄덕였다.

나는 어머니가 동생들에게 한 그 말이 나에 대한 최고의 칭찬이라고 생각했다. 그리고 그때 나는 문득 책임이라는 것은 우리에게 뗄레야 떼낼 수 없는 일상 생활의 일부분이라는 것을 깨달았다. 기왕 떼낼 수 없는 것이 되니 우리가 으레 최선을 다하여 책임을 져야 할 것이다.

형은 그 탕약을 마시고 싶어하지 않았다. 너무 써서 그런지 형은 한 번만 마시고 나서 더 이상 입에 대는 것을 거부했다.

어느 날 아침에 나는 독특한 연기 냄새를 맡았는데 부엌에 가보니 어머니가 난로에 남은 약초를 붓고 있었다.

어머니는 나를 한 번 쳐다보고 난로 뚜껑을 닫으며 말했다. "엄마는 이제 너희 형의 병을 이성적으로 대처할 수 있을 거 같아. 앞으로 더 이상 돈을 낭비해서 쓸데없는 민간요법을 찾지 않을게."

"엄마…"

나는 뒤에서 어머니의 허리를 안고 얼굴을 어머니 등에 댔다. 그때 실은 어머니에게 하고 싶은 말이 있었다. "엄마, 저는 단 한 번도 엄마 탓한 적이 없어요. 왜냐하면 우리 어머니이기 때문이에요! 아들의 병을 고치려고 온갖 노력을 다한 어머니를 탓할 자격이 누구에게 있겠어요?"

그러나 나는 결국 그 말을 참고 내뱉지 못했다.

며칠 뒤에 새학기가 시작되었다.

두부 장사로 벌어온 돈 몇 푼

25

그때 나는 이미 중학교 2학년 2학기 학생이었다.

봄이 찾아올 무렵에 형은 입원했다.

과정은 매우 복잡했다. 형의 입원 비용은 다녔던 대학교와 하얼빈 민정국民政局에서 공동으로 출자하여 부담하기로 했는데 양측은 여러 차례의 공문 협의를 거쳐야 했고, 또 복잡한 심사 절차를 밟아야 했다. 합의가 다 끝난 후에도 한참 기다려야 했다. 그 당시에 하얼빈정신병원의 병상이 부족해서 퇴원하는 환자가 있어야 다른 환자가 입원할 수 있었다.

어찌 되었든 형이 드디어 입원했다. 입원한 후 나는 집 외벽 공사를 또다시 시작했다.

우선, 나는 안방과 바깥방 벽을 아주 꼼꼼히 칠했고, 창문에 박힌 나무 막대기를 뜯어냈다. 형이 집에 있었을 때 형이 창문을 깨뜨려 본인이나 다른 식구를 다치게 할까 봐 나는 나무 막대기로 창문을 막아놓았다. 막대기의 철거가 끝나고 나는 부뚜막을 헐고 다시 쌓았다. 부뚜막 내화벽돌이 이미 헐거워져서 사방으로 연기가 새어 나와 다시 손 대지 않으면 안 될 지경이었다.

여기서 잠깐 다른 이야기를 하자면, 후에 내가 지청이 되었을 때 한 번은 영화방송팀이 사용하는 작은 방에 아궁이 하나를 쌓아야 했는데, 기와공이 모두 바빠 그리로 갈 수 없었다. 그때 나는 자천하여 아궁이를 아주 예쁘게 만들어 줬다. 시골에 내려가기 전에 나는 이미 집에서 만들어 본 경험이 있기 때문이었다.

한편, 양즈쑹은 내가 우리집에 '큰 공사'를 진행한다는 얘기를 듣고 곧 시멘트 반 초롱을 보내줬다. 당시에 시멘트는 아주 귀한 것이었고, 그가 자기 집에서 집을 수리할 때 쓰다 남은 것을 가져다 줬다. 나에게 시멘트는 꿈에서도 나타날 정도의 보물이었고, 정말 쓰기 아까웠다. 시멘트로 바른 부뚜막은 매끄럽고 반들반들하여 우리 집 부엌의 '풍경'이 되었다.

유리 액자에 끼운 아버지의 상장들은 앞서 말한 것과 같은 이유로 그 동안 형과 식구들의 안전을 위하여 벽에서 떼어져 책상 밑에 묶어 놓았다. 형이 입원한 후에 그것들을 다시 벽에 걸어놓기 전에 어머니가 하나 하나 아주 열심히 닦았다. 큰 거울은 옆집에 맡겼다가 동생 둘이 가서 찾아왔다. 셋째 남동생과 넷째 남동생은 안방 바닥에 나무무늬를 새로 칠해놨다. 내가 했던 집안일을 이제 동생 둘도 스스로 하기 시작했고, 그리고 나에 못지않게 잘했다.

내가 주워서 뒷마당에 심은 두 그루의 작은 나무는 살아났을 뿐만 아니라, 갈수록 성장 속도가 빨라 새 잎은 푸르게 빛나며 나무 높이는 이미 창문까지 왔다. 방 안에 앉아 보면 창문에 나무 그림자가 비쳐져 있고, 목조 창틀과 나무색이 어쩜 이리도 잘 어울리는지, 상쾌하고 아름다운 느낌을 선사해 줬다. 이 두 그루 나무의 명칭은 '네군도단풍'인데 가을에 부메랑처럼 생긴 씨앗을 맺을 수 있었다. 아버지가 버드나무 가지로 엮은 울타리에도 푸른 잎들이 돋아나, 멀리서 보면 넝쿨 담장 같았다.

봄과 여름이 교차할 즈음, 주민 센터 직원들이 관례대로 집집마다 위생검사를 하러 오는데, 그날 그들이 오랜만에 우리집에 방문한 것이었다. 직원들이 우리집에 들어와서 검사한 후에 우리집 문틀에 '위생 모범 가정'이라는 글자가 수놓여 있는 깃발을 꽂아줬다.

그 후에 어머니는 다시 동네 공장에 정상적으로 출근할 수 있게 되었고, 나도 더 이상 무단결석을 하지 않았다.

덧붙여 설명할 필요가 있는 것은 우리집을 가꾸는 일은 나와 동생들의 학업에 영향을 미치지 않은 상태에서 순차적으로 완성되었다.

집 공사가 끝난 후에 나는 온 신경을 하얼빈사범학교 입시에 쏟았다. 그동안 나는 무단결석이 너무 많아 성적이 크게 향상될 가능성은 거의 없었다. 나는 수치에게 매일 학교가 끝난 후에 나에게 기하학 내용을 가르쳐 달라고 부탁했는데, 그는 흔쾌히 내 부탁을 들어줬고, 선생님처럼 보충 수업을 열심히 해 줬다.

한편, 중학교 1학년 때 나는 우리 반에서 위생위원직을 맡았는데 청소 당번을 서는 팀에게 점수를 매겨 줘야 했다.

어느 날 학교 가는 도중에 나는 수치에게 말했다. "앞으로 학교 갈 때 나를 찾지 마라."

그는 의아해하면서 그 이유를 물었다.

"생각해 보니 내가 너무 부끄러워. 중학교 1학년 1학기 이후에 나는 우리반 위생위원 노릇을 제대로 한 적이 없어. 비록 지금은 다른 학우가 맡았지만, 나는 여전히 매일 좀 일찍 학교에 가서 자원봉사로 교실 청소 당번을 서고 싶어. 그래야 내 아쉬움을 조금이라도 풀 수 있고, 그동안 선생님과 학우들의 나에 대한 배려에 보답을 할 수 있을 것 같아."

수치가 내 말을 듣고 이렇게 말했다. "나는 니 생각에 두 손 들고 찬성이야. 그러나 이거 우리 둘이 함께 등교하는 것과 무슨 상관 있어? 매일 30분 일찍 너를 찾으러 오면 되잖아."

"네가 그렇게 해 준다면 나야 감사하지!"

수치가 덧붙여 물었다. "'라오산'이 지금 반에서 문체위원장 겸 위생위원을 맡고 있는데 '라오산'도 함께 부를까?"

산옌원의 성격은 '말괄량이' 같아서 수치는 친근함을 표하기 위해 늘 그녀를 '라오산'이라고 불렀다.

나는 "아무래도 아는 사람이 적을수록 좋지 않을까?"라고 대답했다.

내 생각을 행동으로 옮긴 후에 매일 아침 교실이 예전보다 깨끗해졌다. 이러한 변화에 대해 당연히 산옌원의 주의를 끌었다. 얼마 지나지 않아 그녀는 나와 수치가 함께 한 '비밀 행동'을 발견하고 즉시 '비밀 행동'에 가입했다. 우리 셋의 '비밀 행동'은 곧 더 많은 학우들에게 발견되었고, 담임 선생님인 손 선생님은 주말에 진행하는 반회의에서 우리를 칭찬했다. 이 일을 계기로 우리 세 사람의 우정이 더욱 돈독해졌다.

생각해 보니 그것은 내가 중학교에 입학한 후 처음으로 반 친구들 앞에서 칭찬을 받은 것이었다. 그로 인해 나는 며칠 동안 기분이 매우 좋았다.

그러나 쉬옌은 불만이 있다고 나와 수치에게 찾아왔다. "왜, 이제 나는 너희 두 사람의 친구가 아니야? 언제부터 너희 두 사람의 눈에는 산옌원만 보이고 내가 안 보인 거야?"

우리 둘은 모두 그에게 잘못을 인정했고, 다시는 어떤 '비밀 행동'을 할 때 절대 그가 모르게 진행하지 않겠다고 약속했다.

어느 일요일에, 정쯔형이 나에게 부탁하러 집에 찾아왔다. 그가 일하는 두부공장에서 그에게 임무를 하나 줬는데, 그것은 매주 일요일에 추가 근무를 하여 두부 10판을 더 팔라는 것이었다. 일찍 팔면 일찍 퇴근할 수 있고, 다 못 팔면 저녁까지 팔아야 한다고 했다. 그 전에는 두부공장에서 두부를 만들기만 하고 팔지는 않았는데 이것에 대해 인근 주민들이 불만이 많았다. 그래서 두부공장에서 두부를 팔기로 했고, 주민들은 이 소식에 모두 반가워했다. 이에 따라 정쯔형은 추가 근무를 해야 할 뿐만 아니라, 공장에서 두부를 만드는 사람들도 매일 저녁에 한 시간씩 교대로 추가적으로 야근을 해야 했다. 정쯔형이 그들의 제자이기 때문에 일요일을 빼앗기는 일은 피할 수 없었다. 게다가 두부공장 앞에서 파는 것이 아니고, 삼륜 손수레를 끌고 골목을 돌아다니며 소리쳐서 팔아야 했다. 정쯔형이 하루종일 두부를 만드는 것이 이미 너무나도 힘들고 지루한데 일요일까지 두부를 팔아야 한다는 것에 대해 생각만 해도 머리가 아프고 어지럽다고 했다. 그래서 그는 나에게 일요일에 그를 대신해서 두부를 팔 수 있냐고 물어보려고 찾아왔다.

어머니가 정쯔형에게 물었다. "네 동생 이런 일을 잘 할 수 있을까?"

"저는 문제없다고 생각해요. 두부는 이미 잘 잘라 놓아서, 팔 때 아주 손쉽게 할 수 있거든요. 셋째 동생이 함께 가서 도울 수도 있으니까요."

어머니는 걱정하면서 더 물었다. "너네 두부공장 상사들이 동의해 줄까?"

정쯔형은 이렇게 대답했다. "추가 근무 수당이 있어요. 한 판에

5푼씩 주거든요. 원칙상으로 외부인이 대신 팔아주는 건 허용되지 않아요. 왜냐면 그것은 일종의 위장고용이기 때문이죠. 그러나 제가 샤오성이 제 사촌 동생이라고 말하면, 그건 다른 문제가 되죠. 친척끼리 서로 돕는 것이니까요."

정쯔형이 내 어깨를 한 번 끌어안고 내 머리를 살짝 맞대어 다정하게 말했다. "우리 둘은 사촌보다 더 친하지 않니?"

나는 "물론이지!"라고 말했다.

어머니는 곧이어 "네 둘째 동생이 이제 공부가 겨우 좋아졌는데, 나는 걔가 두부를 팔면 공부에 영향을 미치지 않을까 걱정되네."라고 말했다.

실은 나는 돈을 벌 수 있다는 말을 듣고 이미 마음이 내키고 있었다. 그래서 바로 어머니에게 이렇게 안심시켰다. "엄마, 절대 그런 일이 없어요! 수치와 함께 팔 생각인데 걔가 항상 나를 도와 보충 수업도 해 주고 있잖아요. 걔한테 은혜를 갚아야 해요. 두부 파는 일로 감사를 표하려고 해요. 좋은 일이 있을 때 친구를 잊어서는 안 된다고 하잖아요."

정쯔형이 내 말을 듣고 바로 응했다. "내 말이."

어머니는 그저 웃기만 하고 더 이상 아무 말을 하지 않았다.

그날 저녁에 나는 이 좋은 일을 알려주러 수치네 집에 달려갔다.

수치가 듣고 나서 "오, 나 하고 싶어. 창피할 게 뭐가 있어? 적게 버는 것도 상관없어. 일하면서 배운다. 떳떳한 일이잖아. 그런데… 이번에 쉬옌 모르게 몰래 하면 안 되지?"라고 말하면서 나를 쳐다봤다.

"걔 부모님이 걔가 두부 파는 걸 허락하지 않을 것 같은데…"

"그건 확실한데…하지만 우리 둘은 더 이상 걔를 기분 나쁘게 하면 안 돼."

나는 수치의 말에 동의하여 월요일에 학교에 가서 쉬옌에게도 두부 파는 이야기를 했다.

쉬옌은 웃으며 말했다. "나는 돈 벌든 못 벌든 상관없어. 부모님이 매달 준 용돈을 다 못 쓰고 있는데 뭐. 나는 너희 둘과 함께 있는 그 즐거운 시간이 더 소중해."

수치와 나는 등교길의 길동무이니까 오랜 세월을 거쳐 자연스럽게 친한 친구가 되었다. 그렇게 매일 함께 등교하여 친하게 지냈는데도 진정한 친한 친구가 못 되면 말이 안 되겠지? 그러나 쉬옌이 우리 둘하고 친구가 되는 일은 이와 다른 상황이었다. 쉬옌은 말이 적고 줄곧 혼자 다니는 성격이라 나와 수치의 성격과는 크게 달랐다. 쉬옌이 우리 둘하고 좋은 친구가 되었다는 것은 아마도 '인연'으로 해석할 수밖에 없을 것 같았다.

그다음 일요일 오전에 우리 셋은 정쯔형이 요구한 시간에 따라 두부공장 밖에 모였는데 정쯔형은 미리 나와 있었다. 그는 우리를 안으로 안내하여 두부 만드는 분들에게 우리를 소개했다. 나와 쉬옌은 얼굴이 닮았기 때문에 정쯔형은 쉬옌이가 그의 큰 사촌동생이고 나는 그의 둘째 사촌동생이라고 소개했다.

수치는 정쯔형이 소개해 주기도 전에 스스로 자기소개를 했다. "저와 이 두 사람은 어릴 때부터 친구입니다."

그때 한 사부는 농담으로 말했다. "총 5푼밖에 못 버는 일인데 셋이 돈을 골고루 나누지 못해서 서로 다투게 될 거 아냐?"

수치는 재빨리 대답했다. "우리 셋은 돈 벌러 온 것이 아닙니다. 일하면서 배우기 위해 왔습니다."

그 대답을 들은 분은 수치가 정말 말 잘한다고 칭찬해 줬다. 다른 분들도 모두 웃었다.

정쯔형은 그가 쓰고 있는 큰 벌랑컵으로 우리 셋에게 두유를 먹여 줬다.

무첨가로 완전한 순두유라고 우리 세 사람을 위해 특별히 남겨 준 것이라고 했다.

나와 수치는 모두 처음으로 두유를 마셔 본 것이었다. 설탕을 넣지 않아도 고소하고 맛있었다. '감미로운 음료'를 마시는 것과 같았다. 쉬엔네 집은 시내에서 가까워서 시내에는 요우티아오油條와 두유를 파는 식당이 많아서 쉬엔에게 두유를 마시는 것은 비교적 일상적인 일이었다.[1] 그러나 쉬엔도 그날 마신 두유가 정말 맛있다고 칭찬하고, 평소에 마신 것과 비교해 보면 일반 식당에서 파는 두유는 물을 탔다는 것이 확실하다고 하였다.

우리 셋은 두유를 맛보고 나서 삼륜 손수레를 끌고 두부를 팔기 시작했다. 단번에 차에 두부 열 판을 올려놓을 수 없었다. 왜냐하면 너무 무겁기도 하고 쌓아 올리면 너무 높아서 수레의 균형을 못 잡기 때문이었다. 그래서 먼저 다섯 판을 올려 놓고, 거기에 작은 걸

•

1 요우티아오는 밀가루 반죽을 발효시켜 길쭉한 모양으로 만들어 기름에 바싹하게 튀긴 중국음식이다.(역자 주)

상 하나를 더 가지고 갔는데, 팔 때 우리 셋 중의 한 명이 작은 걸상 위에 서야 했다. 그렇지 않으면 손님에게 두부를 잘 퍼서 줄 수 없었다.

정쯔형은 우리의 뒤를 따라 한참 걸어가면서 괜찮은지 물었다.

나는 정쯔형에게 "안 될 리가 있어? 형 걱정 말고 얼른 집에 가."라고 말했다.

정쯔형이 집에 간 후에 우리 셋은 업무 분담을 했다. 쉬옌은 소리를 지르며 두부 파는 일은 죽어도 못한다며 두부 판매하는 일 말고 수레 끄는 일을 전담하겠다고 했다. 나는 손님에게서 돈을 수령하는 일을 맡았고, 키가 나보다 큰 수치는 두부를 퍼서 손님에게 건네주는 일을 맡기로 했다. 호객하는 일은 나와 수치 두 사람이 함께 하기로 했다.

업무 분담이 명확해지자 나와 수치는 너나 할 것 없이 가면서 큰소리로 외치기 시작했다. 쉬옌은 웃음을 터뜨렸고 우리 둘의 목소리가 환상의 콤비를 이뤘다고 칭찬했다.

지금 생각해 보면 그때 우리 동네에 가서 두부 파는 일은 현재 채소를 동네에 배달하여 파는 형식과 매우 비슷했다. 동네 주민의 편리를 위하여 운영하겠다는 두부공장의 계획은 중학생인 우리를 통해 실천으로 옮겨졌다. 우리가 가는 동네마다 큰 인기를 거뒀다.

어느새 우리는 두부 다섯 판을 팔아 치웠고 재빨리 두부공장에 가서 나머지 다섯 판을 더 실었다. 앞 거리에 거주하는 주민들이 살 만큼 다 샀으니 두부를 더 팔려면 다른 거리로 이동해야 했다. 동네 골목골목을 누비며 어느덧 우리가 산옌원 집앞에 가게 되고 옌원과 부딪혔다.

"너희 셋이 뭐 하는 거야? 합법 장사야? 불법 아니지?" 옌원이가 놀라며 의아하면서 우리에게 물었다.

내가 그녀에게 어떻게 된 일인지 설명했다.

"우리집 두부 배급표 다 썼는데, 날 봐서라도 두부 몇 조각 팔아 주면 안 돼?"

"음…이건 내가 결정할 수 있는 일이 아니야." 수치가 나를 쳐다보며 말했다.

나는 산옌원이 그런 부탁을 할 줄은 몰랐다. 잠시 머뭇거리고 어떻게 말해야 좋을지 고민하고 있을 때 쉬옌이 웃으며 말했다.

"내 생각은 팔아 줘도 돼. 두부공장 사장들이 돈만 세고 배급표 확인하지 않잖아. 표 한 장에 두부 두 조각. 근데 표 두 장 모자란다고 문제 되지 않을 것 같아."

내 생각도 그랬다. 그래서 나는 옌원에게 의젓하게 말했다. "네 조각이든 여섯 조각이든 마음대로 사. 책임은 내가 질게."

옌원은 기쁘게 집으로 달려가서 냄비를 갖고 와서 두부 6조각을 샀다. 옌원은 '이익'을 챙기자 바로 튀는 사람이 아니었다. 그는 나와 수치를 도와 목청을 돋구어 동네방네가 다 들리도록 하듯이 큰 소리로 호객했다. 결국 우리는 자리를 옮기지 않고 두부 세 판을 더 팔았다.

한번 시작하면 걷잡을 수 없다더니 산옌원이 두부를 파는 일에 흥미를 가지게 되었다! 우리와 함께 더 팔지 않으면 자신이 갖고 있는 어떤 능력이 묻힌 것 같다고 느껴진다면서 우리와 함께 더 팔겠다고 하였다.

"베테랑이 나서면 두 사람 몫을 한다고 했잖아." 옌원이는 마침 그의 아버지가 집에 계셔서 동생을 돌볼 수 있으므로 자기가 집에 없어도 된다고 하면서 기어코 우리와 함께 남은 두부 두 판을 팔러 가겠다고 우겼다. 우리는 거절할 이유를 못 찾아서 동의해 줄 수밖에 없었다.

나와 수치의 호객 문구가 그저 '두부' 두 글자뿐이고 아주 무미건조한데, 산옌원이 함께 하자 진정한 호객 영업이 시작되었다.

"두부요! 두부 팔아요! 새로 만든 두부요! 따끈따끈하고 큰 두부요! 빨리 사서 점심 식탁에 올려 드시죠! 두~부~요, 두부 팔아요…" 옌원이가 매우 신나게 외쳤다.

수치가 이를 보며 옌원을 말렸다. "그렇게 외치면 안 돼! 좀 이따 네 목이 다 나가겠어."

그러나 산옌원은 "너는 너대로 부르고, 나는 나대로 부를 거야. 내가 어떻게 외치든 상관하지 마. 너희들 도와 빨리 남은 두부 두 판을 팔 수 있다면 나는 너희들의 '공신'이 되지?"라고 말했다.

나는 나지막한 목소리로 수치에게 물었다. "그런데…이제 돈을 어떻게 나눠?"

"옌원이가 이렇게 몰입해서 외치는 거 좀 봐. 똑같이 나눠주지 않으면 …좀 그렇지 않아?" 수치가 곧이어 말했다.

쉬옌은 우리가 대화하는 말을 듣고 "돈은 나 상관 안 할게. 난 아무것도 안 들었어."라고 나 몰라라 하고 시치미를 뗐다.

산옌원의 도움으로 나머지 두부 두 판은 금방 다 팔렸다.

시간이 생각보다 일러서 우리 넷이 아쉬운 듯 서로 쳐다보았다.

수치가 먼저 제안했다. "그럼 우리 두부공장 사람들에게 다섯 판을 더 팔아줘도 되는지를 물어보러 갈까?"

"난 아직 시작도 안 했는데…" 산옌원도 이어 말했다.

"그럼 내가 물어볼게."나는 자처했다.

두부공장 회계를 맡은 이모가 내 말을 듣자 바로 두부를 더 팔도록 허락해 줬다. 왜냐하면 우리가 그들을 대신해서 가까운 동네에서 두부를 많이 팔아주면 상사들이 분명 그들을 칭찬해 주기 때문이었다.

산옌원이 워낙 영리해서 타임을 봐서 수당에 대해 더 의논할 필요가 있다고 했다.

두부 한 판 팔면 겨우 5푼만 버는데 너무 적게 주는 것이 아니냐며, 공장 직원들이 공장 앞에 서서 팔았다면 두 시간 넘게 두부 열 판을 팔 리가 없었을 것이라고 했다.

회계 이모가 잠시 생각을 하니 옌원에게 얼마 주면 적당하냐고 물었다.

"아무래도 한 판에 0.1위안을 받아야…" 산옌원이 겁없이 이렇게 대답했다.

나와 수치, 그리고 쉬옌은 몹시 놀라 혀를 내둘렀다.

회계 이모가 정색하여 말했다. "그건 절대 안 돼. 두부 한 조각에 0.2위안인데 한 판에 100조각이니 다 팔아도 총 판매 금액은 2위안밖에 안 되는데 너희들이 거분히 0.1위안을 가지고 간다니."

산옌원이 이 말을 듣고 실망한 듯이 머리를 숙였다. 그러나 뜻밖에 회계 이모가 덧붙여 말했다. "0.08위안이라면 생각해 볼 만하네."

상황이 금방 달라져서 우리 셋은 아직 웬일인지 파악하지 못할 때, 산옌원이 재빨리 말했다. "서로 번복할 일 없도록 약속해요!"

그러나 다섯 판을 더 판다는 일은 결코 쉽지 않았다. 우리는 두부공장에서 멀리 떨어진 곳까지, 그리고 두 시간 넘게 가면서 겨우 두부를 다 팔았다.

오후 1시가 넘도록 우리는 마침내 임무를 완성했다. 회계 이모가 우리에게 공인이 찍힌 0.9위안짜리의 어음 한 장을 발행해 줬다.

그 뒤의 5주 동안 일요일마다 우리 '4인조 그룹'은 열 다섯 판의 두부를 팔 수 있었는데, 때로는 쉽게 팔아 치웠고, 때로는 상당히 힘들게 팔기도 했다. 학업에 영향을 미치지 않기 위해서 열 다섯 판보다 더 팔 수 있어도 우리는 그렇게 하지 않았다.

그러나 예상치 못한 일이 하나 벌어졌다. 우리가 다른 동네에서 두부를 팔 때 우리 반 여학생이 그것을 보았고, 산옌원이 그 친구에게 반에서 소문내지 말라고 부탁했지만, 결국 우리 남학생 셋하고 여학생 한 명이 함께 길거리에서 두부를 파는 일이 반에서 알려지고 웃음거리가 되었다.

그때 산옌원이 나서서 우리 셋을 대신하여 '불을 꺼 줬다'. 누가 우리를 비웃으면 그는 바로 그 사람과 맞대어 논쟁을 벌였다. 일요일을 이용하여 주민들에게 편리를 제공해 줄 수 있는 일을 하는데 변변찮은 보수를 받는 것은 창피한 일이 아니라고 설명했다.

이에 대해 어떤 반 친구가 우리보고 왜 레이펑雷鋒처럼 순수히

좋은 일만 하지 않느냐고 물었다.[2]

똑똑하고 말주변이 좋은 산옌원도 말문이 막힐 때가 있었다. 뜻밖에도 이때 쉬옌이 나서서 옌원을 막힌 상황에서 벗어나게 해 줬고 '4인조 그룹'의 명분을 지켜줬다.

쉬옌은 침착하게 말했다. "공장에서 일하는 사람들이 야근을 하면 추가 근무 수당을 받을 수 있지? 학생들이 자원봉사를 하면 밥이라도 얻어 먹을 수 있지? 그러나 우리가 두부공장 직원들을 대신해서 두부를 파는데 우리에게 밥 제공해 주지 않거든. 우리가 번 돈으로 한 끼에 0.3위안짜리의 밥을 사먹는 것이 흥청망청 먹는 건 아니지? 다시 말해 우리가 순수히 자원봉사하는 것과 뭐가 달라? 지금은 사회주의지 공산주의가 아니잖아? 돈 주고 일 시키는 것은 보편적인 현상이야. 누구든지 사람들에게 편리함을 제공해 주고, 0.3위안의 봉사료를 받은 것은 너무 당연한 일이 아니야?"

그때 수업 쉬는 시간이라 곧 수업 종소리가 울릴 때였다. 반친구들은 늘 말없이 잠잠히 있던 쉬옌이 그런 논리를 내놓을 수 있으리라고는 생각치 못했다.

손 선생님도 그때 이미 교실에 들어와서 쉬옌의 말을 들었다. 그는 아무말 하지 않았고 미소를 지으며 가만히 들었다.

그 뒤에 두부 파는 일은 두부공장 내부 직원의 가족에게 넘겨갔고, 우리가 두부 파는 일은 정식으로 막을 내렸다. 두부 파는 일을

•

2 레이펑은 중국 인민해방군의 모범병사이다.(역자 주)

이어가는 직원의 가정 형편이 매우 안 좋아서 우리가 그와 경쟁할 이유가 없었다. 더군다나 중간고사가 다가오기 때문에 우리는 기꺼이 두부 파는 일을 넘겼다.

산옌원이 우리가 함께 번 돈으로 빗자루를 두 개 사서 학급에 기부하고 남은 돈을 골고루 나누자고 제안했다. 이것도 바로 내 생각과 일치하므로 나는 두 손을 들어 찬성했다.

그러나 쉬옌은 여전히 돈 한 푼도 받지 않겠다고 고집했다.

우리가 학급을 위해 빗자루를 사는 일에 손 선생님이 칭찬해 줬다.

쉬옌은 "칭찬받는 느낌이 정말 좋다."라고 하면서 기뻐했다.

나와 수치, 그리고 산옌원은 각각 1위안 남짓 받았다. 우리 셋은 쉬옌에게 영화를 보여주고 아이스크림도 사줬다.

그리고 나는 1위안을 어머니에게 드렸는데 어머니가 받지 않았다. "엄마는 이 돈 받지 않을게. 이제 나는 일을 다시 시작했으니 집안 살림이 그런대로 괜찮으니까 이 돈은 네가 가져라."

그래서 나는 1위안 남짓한 돈으로 만화책 네 권을 샀다. 그 전에 나에게 이미 몇 권의 만화책이 있었지만 중학교 졸업하기 전까지 한 열 권 정도 모을 계획이었다. 그것은 마치 어른이 자신을 위해 일정한 금액을 목표로 정하여 돈을 모으는 것과 비슷했다. 그때 비록 나도 성인들이 읽는 서적을 즐겨 보기 시작했으나 만화책에 대한 나의 사랑은 여전히 식지 않았다. 만화책을 가진 것은 나에게 부의 상징이기도 했다.

해야 할 일

26

내 중간고사 성적은 나쁘지 않았다. 비록 반에서 중하위 수준에 머물렀지만 나는 이에 대해 꽤 만족스러웠다. 왜냐하면 그 동안 나는 절반 정도의 시간에 정상적으로 수업을 듣지 못했기 때문이 었다.

그래서 성적을 보고 나도 모르게 뛸듯이 기뻤다.

어머니의 얼굴에도 한번씩 눈살 찌푸리기는 하나 그동안 가득 찬 근심이 점점 사라졌다.

어느 날 어머니는 나에게 이런 말을 했다. "그동안 네 형이 몇몇 모르는 사람들한테 불편함을 끼쳤는데, 우리가 그 사람들한테 일일이 찾아가서 사과해야 되지 않을까?"

"그건 겨울에 있었던 일이었고, 이미 지나간 일이니까 그냥 둬도 괜찮지 않을까요?" 나는 어머니를 말리려고 했다.

그러나 어머니는 "아니야. 사과할 필요가 있어. 이건 우리가 반드시 해야 할 일이야. 어떤 집은 내가 이미 찾아가서 사과했어. 음…근데 있잖아. 그때 우리를 조금이라도 싫어하는 티 내지 않은 집안이 있잖아. 어느 거리에 있는 집인지 나는 기억이 잘 안 나. 그때 날이 너무 어두웠고, 나는 우리 둘이 그 집에서 나와서 너희 형과 함께 아주 멀리 갔던 것만 기억하고 있어."

"엄마 말하는 집은 그 작가님 집 아니에요?" 나는 어머니의 말을 끊고 물었다.

그 작가는 유일하게 우리 모자 셋을 집안에 초대하여 따뜻함을 선사해 준 사람으로 나에게 매우 깊은 인상을 남겼다.

"맞아, 엄마가 말한 집은 바로 그 작가님 집이야. 작가님이 네 형과 이야기할 때 담배 한 대 피운 것 같은데, 엄마가 잘못 기억하는 건 아니지?"

나는 고개를 끄덕였다.

어머니는 이어서 말했다. "그래서 말인데, 엄마가 담배 몇 갑을 샀는데, 네가 언제 그걸 가지고 엄마 대신 사과 좀 하면 안 될까?"

나는 망설였다. 그런 일은 내가 기꺼이 받을 수 있는 것이 아니었다.

나의 난처함을 눈치챈 어머니는 부드러운 말투로 나를 설득하려고 했다. "엄마는 이미 다른 몇 집에 찾아갔거든. 그 집에만 아직 안 찾아갔는데 너가 엄마 대신 한 번 가 줘야 할 것 같아. 그 분은 작가니까 높은 지식층에 속한 사람이잖아. 엄마가 그런 분 앞에서는 말을 잘 못하는 걸 알잖아. 네가 아무리 내키지 않아도 엄마 대신 좀 가 줘, 응? 네 동생들을 보낼 수 없잖아?"

어머니의 말은 명령이었지만 부탁처럼 들렸다.

나는 본의 아니게 고개를 끄덕였다.

린위 작가의 집으로 가는 길 내내 나는 어떤 말로 화제를 시작해야 할지, 그 다음에 또 무슨 말을 해야 할지 계속해서 고민했다. 다른 사람에게 사과한 적이 없는 것이 아니지만, 사과야말로 그저 '죄송합니다', '용서해 주세요' 라고 하면 되겠지만, 그런 말은 보통 잘못을 저지를 때 바로 상대방에게 하는 말인데, 오랜 시간이 지났는데 정중히 당사자에게 찾아가서 사과하는 일은 나에게 처음이었다! 하물며 린위 작가가 아마도 그 일을 깨끗이 잊었는데 갑자기 누군가가 찾아와서 사과하면 당황스럽지 않을까 싶었다.

하지만 나는 이미 어머니가 시킨 대로 하겠다고 말했으니 내키지 않아도 어떻게든 일을 잘 끝내야 했다.

그의 집으로 가는 길에서 나는 줄곧 복잡한 생각에 빠졌다. 한편으로 나는 무턱대고 린위 작가에게 찾아가서 하는 일은 정말 어색하고 내 본의에 어긋난 일이라고 생각하고, 다른 한편으로는 린위 작가와의 만남은 얻기 어려운 기회라고 생각했다. 그때 나는 성인들이 읽는 소설을 몇 권 읽어본 적이 있는데 자연스럽게 소설 작가에 대한 궁금함과 신비감을 가지게 됐다. 소설 작가를 꼭 만나야 된다는 강렬한 생각까지는 아니지만, 그래도 한 작가와 가까이서 대화하고 만나는 생각은 확실히 있었다. 그 대화 시간은 단지 몇 분만이라도 좋다고 생각했다.

나는 엇갈리는 생각 속에 어느새 린위의 집 앞에 도착했다. 문을 몇 번 두드렸는데 아무도 나오지 않았다.

그때 맞은편 집 방문이 열렸는데 내가 누나라고 불러야 할 또래의 여자 한 명이 나왔다. 그는 가방을 메고 어디에 가려는 모양이었다. 그가 의아한 눈빛으로 나를 바라보며 누구를 찾느냐고 물었다.

나는 린위 작가님을 찾는다고 말했다.

무슨 일로 작가님을 찾느냐고 다시 물었다. 순간 나는 얼굴을 붉히며 우물쭈물하면서 이유를 설명했다. 나는 한번씩 말을 버벅거리는 경우가 있지만 그날 대답을 할 때는 완전 말더듬이가 되었다. 내가 말하는 모습과 린위 작가를 찾는 이유를 듣고 그는 분명히 나에 대한 동정심을 가지게 되었을 것이다.

“우리 린위 삼촌은 소설 소재를 찾으러 베이다황에 갔는데, 내가 뭐 도와줄까?" 그의 말투가 매우 부드러워서 나로 하여금 친하게 그를 '누나'라고 부르고 싶게 만들었다.

"누나, 혹시 저 대신 담배 몇 갑을 작가님께 좀 전해 줄 수 있어요?"

"물론이지." 누나가 웃으며 내가 건네준 담배를 받고 몸을 돌려 다시 집 방안으로 들어갔다. 그때 누나의 옷자락에 달려 있는 '하얼빈사범학교'라는 글자가 박힌 뱃지가 나의 눈에 띄었다. 그래서 나는 바로 떠나지 않고 그를 기다렸다.

누나가 다시 집에서 나와 아직 문 밖에 있는 나를 보면서 "다른 일 더 있어?"라고 물어봤다.

"아니요, 누나. 그냥 누나랑 함께 가고 싶어서요."

누나는 아무 말을 하지 않았고 그저 웃었다.

길에서 나는 누나에게 나의 장래희망, 즉 사범대학교에 진학하여 나중에 초등학교 국어 선생님이 되고 싶은 생각을 말해 줬다. 누나도 현재 국어학을 전공하고 있고, 졸업을 하면 국어 선생님이 될 것이라고 말해 줬다.

이토록 우리 둘은 공통 관심사를 가지게 되었다.

나는 하얼빈사범학교에 한번 가 보고 싶다고 했더니 누나가 곧바로 캠퍼스 안내를 해 주겠다고 했다. 우리가 바로 캠퍼스 구경하는 날을 정하고, 그날이 오면 누나가 교문 앞에서 나를 기다리겠다고 약속했다.

그러나 약속한 날에 교문 앞에서 나를 기다리는 사람은 그 누나가 아니라 그의 친구였다. 누나가 갑자기 급한 일이 생겨서 못 오니까 친구에게 부탁해서 나를 학교 안으로 데려다 주기로 한 것이었다.

구경하는 도중에 안내해 준 누나가 나에게 물었다. “사범학교에 입학한 남학생들은 졸업 후에 보통 수학을 가르치는 것을 희망이고, 물론 체육을 가르칠 수 있으면 더 좋겠다고 생각하지. 근데 너는 왜 국어를 가르치고 싶어?”

“저는 키가 작아서 체육을 가르치고 싶어도 자격이 안 돼요.”

“그건 그래. 근데 너 아직 내 질문에 대한 직접적인 답을 주지 않았는데?” 그 누나가 이어서 물었다.

“음…생각할 시간을 좀 주세요.” 나는 누나에게 생각할 시간을 구했다.

“대답하기 어렵구나?”

결국 나는 답을 찾게 되었고, 누나에게 정중하게 이렇게 말했다. “제 작문 성적이 가장 좋으니 국어 선생님이 되는 것은 저에게 더 어울리고 유리할 것 같아요.”

“그렇구나.”

나는 혼자 걸으면서 캠퍼스를 구경하고 싶어서 “그렇구나.”라고 대답해 준 누나에게 동행해 주지 않아도 된다고 얘기했다.

그 누나가 “그럼 내 임무 완성!”이라고 하면서 떠났다.

하얼빈사범학교는 시내에서 아주 멀어서 도착하는 데까지 한 시간 넘게 걸렸다. 캠퍼스 크기는 어느 중학교보다 훨씬 더 크고 건물들이 즐비했다. 도로가 모두 시멘트로 만들어져 있고 나무와 화초들도 보기 좋게 잘 가꿔져 있었다. 나는 아직 하얼빈사범학교에 입학하지 않았는데, 이미 그 학교를 사랑하게 되었다.

이튿날 등굣길에 나는 하얼빈사범학교에 지원하기로 결정했다는 생각을 수치에게 말했다. 그는 내가 고등학교에 진학하지 않더라도 '하얼빈전기학교'와 같은 기술 종류의 학교에 지원해야 된다고 하면서 하얼빈사범학교를 지원하는 것을 반대했다.

그 당시에 하얼빈전기학교는 중점 기술학교라서 나는 수치에게 거기에 합격할 자신이 없고, 오히려 사범학교에 합격할 자신이 있다고 말했다.

"정말 그렇게 결정했어? 바뀌지 않을 거지?" 수치가 더 물었다.

"응. 바뀌지 않을 거야. 너는 계속 신경 써서 나를 도와 수업 내용을 가르쳐 줘야 돼."

내 말을 들은 수치는 "그건 내 영광이지. 언제든지 너랑 함께 할 거다!"라고 대답했다.

“나는 오히려 집안에 폐를 끼쳤다”

27

정신병원은 쑹화장 건너편에 있었다.

어머니와 나는 형을 면회하는 일을 나눠서 하기로 했다. 일요일에는 내가 형을 보러 가고, 평일에는 어머니가 가는 것으로, 한 달에 적어도 두 번 이상 면회 가기로 했다. 오전에 면회를 가면 얼마 만나지 못하고 환자들이 점심식사를 하고 낮잠을 자야 하기 때문에 나와 어머니는 주로 오후에 면회하러 갔다. 가는 날에 일찍 출발하여 병원에 도착했을 때 마침 환자들이 낮잠을 자고 일어난 시간이었다.

어머니는 몸이 약해서 걸음이 느려서 버스 두 정거장을 타고 가더라도 왕복하는 시간이 늘 세 시간 이상이 걸려야 했다. 게다가 쑹화장을 건너 저편에 도착하면 바로 대중교통을 이용할 수 없기 때문에 가기가 더욱 힘들었다. 매번 어머니가 병원에 다녀오면 손가락도 까닥하기 싫을 정도로 피곤하곤 했다. 더군다나 병원을 왕복하는 도중에 총 네 번이나 강다리를 오르내려야 해서 어머니가 매번 면회하러 나가면 나는 늘 불안했다.

그래서 나는 면회를 가는 것은 차라리 내가 전담하면 좋겠다고 어머니와 상의를 해 봤다. 어머니가 내 말을 듣더니, "그럼 일요일에 네가 공부하는 시간을 다 빼앗기잖아. 네가 사범학교 입시 준비를 하는 것이 더 중요한 일이니까 네 제안은 안 되겠다."라고 반대했다.

"엄마, 저 이미 어느 정도 사범학교에 합격할 확신을 가지고 있거든요." 나는 어머니를 더 설득하려고 했다.

"안 된다고 하면 안 되는 줄 알아. 다시 그런 생각 하지 마. 넌 너네 형의 동생이지만 나는 너네 형의 엄마가 되는 사람이야. 내가 네 형을 면회하러 가는 거랑 네가 가는 거랑 달라. 내가 좀 더 부지런히 가는 게 형의 병세 호전에 더 유리하지 않겠니? 내가 오랫동안 그를 보러 안 가면 네 형도 엄마 보고 싶다고 불안해질 수 있잖아?" 어머니의 주도면밀한 생각에 나는 더 이상 혼자 면회 간다는 말을 꺼내지 못했다.

한번은 내가 형을 면회하러 갔을 때, 형은 죄책감을 느끼며 말했다. "형은 대학 졸업 후에 가족 책임을 더 잘 질 수 있을 줄 알았는데, 오히려 집안에 폐를 끼쳤어. 너는 내 둘째 동생인데, 형이 너에게도 누를 끼쳐서 진짜 미안하다. 가서 어머니에게 내가 반드시 의사의 치료에 잘 협조하여 하루빨리 퇴원할 수 있도록 노력할 테니 걱정하지 말라고 꼭 전해 줘."

그날 오후는 날씨가 유난히 화창하고, 맑은 하늘에 바람 한 점 없었다. 나와 형은 병원의 작은 숲에 있는 벤치에 나란히 앉았다. 주위가 조용하고 꽃 사이에 나비가 날아다니며 가끔 새들의 울음소리도 들렸다.

그날 형이 이런 이야기도 했다. 어느날 퇴원을 하면 바로 학교에 가서 자퇴 신청을 내고 되도록 빨리 아르바이트 자리를 찾아 일을 시작할 것이라고 했다.

형이 다녔던 학교 선생님의 도움으로 집으로 온 이후로 나와 정상적인 대화를 단 한 번도 나눈 적이 없다. 그날의 대화는 처음이었고, 나는 만감이 교차하여 형을 껴안고 눈물을 펑펑 쏟았다.

그날 시내에서 돌아왔을 때 벌써 저녁 7시가 다 되어 갔다. 집에 도착해서 보니 우리집 마당에 낯선 사람들로 둘러싸여 있었고, 그 중에 소방대원도 있었다. 알고 보니 우리집에 화재가 날 뻔했다고 했다. 불이 나면 우리집 뿐만이 아니라 이웃들의 집도 위험에 처하게 될 상황이었다.

마당에 나와 있는 어른과 아이들이 모두 나를 째려보았고, 분명히 내가 담배를 피워서 화재를 유발한 것으로 생각하고 있는 모양이었다.

우리집 방 안으로 들어갔는데 거기에 소방대원 두 명이 와 있었다. 한 명은 어머니에게 사건 경위를 조사하고 있고, 다른 한 명은 기록을 작성하고 있었다. 나를 보자마자 바로 나에게 조사하기 시작했다. 그 첫 마디는 바로 "너 담배 피워?"

나는 담배에 손 댄 적이 없다.

소방대원이 나에게 두 손을 내밀면서 펴 보라고 명령하며 몸을 숙여 내손을 자세히 살펴보았다. 담배를 피우는 사람은 손톱이 노랗게 착색된다는 것을 나도 잘 알고 있었다.

나는 순순히 두 손을 내밀어 소방대원에게 보여줬지만 엄청난 모욕감을 느꼈다.

우리집 바깥방에 작은 온돌을 새로 쌓았는데, 나는 그 전날 밤에 혼자 바깥방 온돌침대에서 잤다. 무슨 까닭으로 이부자리에 불이 났다.

소방대원은 꽁초를 발견하지 못했지만 불에 탄 성냥 두 개를 발견했다. 그래서 그들은 화재 원인이 명확하지 않지만 흡연 가능성은 배제할 수 없다는 결론을 내리고 떠났다.

우리가 거주하는 골목길이 매우 좁아서 소방차 두 대는 뒷길에 주차할 수밖에 없었고, 우리집 뒷창문에서 소방차 출입을 볼 수 있었다. 나는 소방차가 떠나는 것을 보면서 억울함에 울음을 터뜨리며 벽에 머리를 박았다.

어머니는 나를 껴안아 주면서 정색한 표정으로 물었다. “넌 대체 담배를 피웠어 안 피웠어?”

“안 피웠어요! 안 피웠다고!” 나는 목청을 돋구어 외쳤다.

옆집 아저씨 두 명이 우리집에 들어오자마자 어머니와 나의 모습을 보고 굳은 표정으로 떠났다. 한 아저씨가 밖으로 나가면서 들릴 듯 말 듯 중얼거렸다. “거짓말을 하는데 뭐가 그리 당당해?”

어머니는 이어서 말했다. “정말 담배를 안 피웠다면, 소리칠 필요도 없고, 벽에 머리를 박을 필요가 더 없을 거다. 화재 원인은 반드시 밝혀질 것이니까.”

이불이 불에 타서 밤에 덮을 이불이 더 없기 때문에 나는 다시 안방에 들어가서 셋째 동생과 함께 이불을 덮을 수밖에 없었다. 그런데 한밤중에 내 한쪽 발이 온돌침대가 있는 벽에 닿았는데 너무 뜨거워서 발이 데었다. 그 벽은 화도를 설치한 벽이 아닌데 온도가 없는 것이 정상이지 뜨거워지면 절대 있을 수 없는 일이었다. 나는 곧바로 일어나서 위쪽의 벽도 만져봤는데 윗부분도 매우 뜨거웠다. 그 열기가 지붕까지 한 치 정도밖에 안 됐다.

“어머, 큰일났어. 엄마, 일어나요!”

어머니와 동생이 내 목소리에 놀라서 깬 후에 나는 불이 난 원인을 찾았다고 말해 줬다.

나는 넷째 동생과 여동생에게 구들바닥을 비우고, 셋째 동생에게 물독에 있는 물을 물통으로 최대한 많이 가져오라고 시켰다. 그리고 나는 도끼로 위로부터 벽을 부수기 시작했다. 먼저 위에서 부수는 것은 불이 번지는 범위를 좁히기 위해서였다. 도로 몇 번 내려치자 벽에 구멍이 생겼는데, 구멍에서 불꽃이 번뜩이는 것을 볼 수 있었다. 이제 소방대원을 놀라게 한 사태의 원인이 명확해졌다. 벽에 틈이 생겼는데 공교롭게도 이불이 벌어진 틈에 놓여 있었고, 불똥이 틈에 튀었을 때 이불에 옮겨 붙으면서 더 큰 불을 유발하여 화재가 발생할 뻔한 것이었다.

그러나 분명히 화도를 설치한 벽도 아닌데 그 안에서 왜 자연 발화가 일어났을까? 답은 자연 발화가 아니었다.

그 당시에 하얼빈에서는 여름에도 며칠 간격으로 한 번씩 아궁이에 불을 때야 했다. 그렇지 않으면 구들바닥이 차가워서 밤에 거기에서 자면 병이 날 수 있기 때문이었다. 사건 발생 전날, 우리집 아궁이에 불을 한 번 땠다. 아궁이 위쪽 벽에도 실은 금이 갔는데 그 벽은 흙이나 벽돌로 만든 것이 아니었다. 아궁이를 만들 때 일손을 덜려고 외欄엮기를 한 후 그 위에 흙을 바르는 외엮기흙벽을 사용한 것이었다.[1] 그렇게 만들어진 벽은 안쪽에서 불이 번져 나오기 쉬운데 소방대원들이 현장조사하러 우리집에 왔을 때, 벽 내부에서 숨은 불꽃이 막 조금씩 흩어지기 시작했다. 그러나 그 상황은 아마

1 외엮기는 나뭇가지, 댓가지, 수숫대, 싸리, 잡목 따위를 가로세로 얽는 것을 말한다.(역자 주)

찾아온 소방대원들에게도 처음이었고 그들은 결코 그러한 곳에서 화재가 발생할 수 있다는 것을 예상하지 못했다.

한밤중에 내가 파낸 벽구멍에서 불똥이 튀어 나온 일은 어머니를 몹시 놀라게 했다. 어머니가 이웃집 아저씨들의 방문을 두드려서 사람을 우리집으로 데려왔다. 그 중에 '거짓말을 하는데 뭐가 그리 당당해?"라고 말한 그 아저씨도 포함되어 있었다. 아저씨들이 벽을 보고 모두 깜짝 놀랐다.

그때 나는 이미 나머지 벽을 다 부쉈고, 아저씨들이 그것을 보자마자 그전에 발생한 사건의 원인을 문득 깨달았다.

아저씨 두 분은 애당초에 사람들이 너무 무책임하게 집을 지었다고 비난했고, 나머지 그 아저씨는 전에 나에게 억울한 누명을 씌웠다는 일에 대해 연거푸 사과해 줬다.

아저씨 셋의 조언과 도움으로 화재 위험이 철저히 배제되었고, 그때 날이 조금씩 밝아지기 시작했다.

한편 그날부터 같은 집합주택에 사는 어른들이 모두 나를 괄목상대했다. 어떤 이웃들이 나를 온 집합주택 주민들의 '복덩이'라고 칭찬까지 해 줬다. 한 마디로 이웃들이 너나 없이 모두들 나에게 감사하다고 했다. 아이들이 나를 '둘째 형님'이라고 친하게 불러 줬고, 마치 내가 그들의 '생명의 은인'처럼 대해 준 것이었다.

지금 인터넷 유행어로 표현하자면 내 이미지가 하루 사이에 완전히 무너졌지만, 그 다음날에 반전되어, 갑자기 어른들과 아이들이 모두 존경할 만한 인물이 되었다. 이웃들이 잇달아 우리집에 벽돌을 가져다 줬다. 비록 모두 낡은 벽돌이나 부서진 벽돌이지만, 그것은 그 당시에도 '보물'이었다. 벽돌로 불이 난 벽을 다시 쌓아놨으니 더 이상 화재 위험이 없어졌다.

일을 다 끝낸 후의 어느 날, 집에 나와 어머니만 단둘이 있을 때 어머니는 나를 맞은편에 앉혀 놓고 대화를 나누자고 했다.

그때 어머니의 표정은 진지하다 못해 엄숙하다고 표현할 수 있었다.

나는 어머니와 얼굴을 맞대고 앉아 어머니가 무슨 이야기를 하려는지에 대해 무척 궁금했다.

어머니는 나에게 물었다. "아들아, 너는 그 일에 대해 어떻게 생각해?"

나는 불안해하며 "엄마, 무슨 일을 말하는 거예요?"라고 되물었고, 어머니는 "우리집에 화재가 날 뻔한 일 말이지."라고 대답했다. 나는 잠시 생각을 한 후에 머리를 숙여서 이렇게 말했다. "우리집에서 일어난 일인데 만약 정말 큰 화재로 번지면 우리집은 이웃들에게 많이 미안했을 거예요. 생각만 해도 무서운 일이었어요. 비록 화재를 피했지만 이웃 어른과 아이들을 모두 놀라게 한 건 사실이었어요. 삼촌과 아주머니들이 나를 칭찬해 준 것은 그들이 나를 좋게 본다는 것이지 제가 정말 칭찬할 만하다고 생각하지 않아요."

그제서야 어머니는 흐뭇한 표정을 보이며 말했다. "네가 그렇게 생각하는 건 올바른 거야. 엄마 이제 마음이 많이 편해졌어. 실은 엄마도 스스로 반성해야 돼. 재난은 인정사정 없는데, 너희들이 온돌을 쌓을 때 엄마가 당연히 너희들에게 어떤 부분에, 무엇을 특별히 주의해야 하는지 강조해 줘야 했는데 엄마가 그때 알려주지 못했어. 엄마는 너에게 사과해야 돼. 이번 일은 이웃 간에 사이가 좋아서 그냥 넘어가지, 만약 서로 사이가 안 좋으면 우리집은 엄청 욕을 먹을 것 같아. 그렇지 않니?"

나는 어머니의 말을 듣고, "네, 엄마. 저는 이 점을 충분히 알고 있어요." 라고 대답했다.

어머니가 덧붙여 당부했다. "아들아, 너는 충분히 안다고 생각하지만 엄마로서 나는 너에게 몇 마디를 더 해야 할 것 같아. 나중에는 나와 연관 있는 일이라면 잘못을 저지를 때 잘못을 인정하고, 책임을 져야 할 거면 무조건 책임을 져야 해. 설령 어떤 처벌을 받아야 한다고 해도 핑계를 대서 도망가면 절대 안 돼. 살아가는 인생에서 부딪히는 어려운 부분은 바로 이런 거다. 앞으로 네가 어려운 부분도 잘 처리해 나갈수 있다면 엄마는 너의 미래에 대해 걱정 더 안 해도 될 것 같아. 너는 잘 처리할 수 있지?"

"네. 잘 할 수 있습니다!" 나는 당당하게 말했다.

내 말을 듣자 어머니는 더 이상 아무 말 하지 않고 일어나서 밖으로 나갔다.

나는 어머니에게 어디로 가는지를 물었더니 이웃들에게 찾아가서 일일이 사과하겠다고 대답했다.

나도 함께 가서 사과할까 했는데 어머니가 이번에 같이 갈 필요가 없다고 하였다. "이번에 엄마가 혼자 가면 오히려 더 정중한 느낌이 있는 것 같아. 정중하게 해야 할 일은 정중한 형식으로 해야 돼."

한편, 중학교를 졸업할 때 나는 하얼빈사범학교에 합격하지 못했다.

일 년 후에 나는 농촌 지역에 내려가서 헤이룽장 생산건설병단의 지청이 되었다.

어머니의 그 많은 가르침을 후에 나는 일일이 다 기억하지 못하고 있지만, '책임'에 대한 그 말들이 줄곧 내 가슴에 깊이 새겨져 있다.

_ 2021년 정월 19일 베이징에서

지은이

량샤오성 梁曉聲

1949년 헤이룽장성 하얼빈 출신
중국 현대작가. 중국 작가 협회 회원
여러 저명한 소설, 산문, 영화 및 방송 극본 집필
2019년 제2회 오승은 장편소설상과 마오둔 문학상 수상
대표작:『天若有情』,『看自行車的女人』,『慈母情深』,『雪神』,『死神』,『白樺樹皮燈罩』등.

옮긴이

진가리 陳佳莉

한국 울산대학교 국어국문학 박사
중국 루동대학교魯東大學校 울산선박해양학과 한국어과 교수
중국 루동대학교 동북아연구원東北亞硏究院 겸임 연구원
중국 산동성·한국교류협력연구센터山東省與韓國交流合作硏究中心 겸임 연구원

신진호 申振浩

연세대학교 중어중문학과 및 동 대학원 졸업(문학박사)
연세대학교 인문학연구원 전문연구원
명지대학교 방목기초교육대학 객원교수
역서 :『마테오리치의 중국선교사』,『곽말약의 역사인물 이야기』등
저서 :『중국현대문학사』,『중국문학사의 이해』등
논문 :「21세기 중국의 문화대국 전략에 관한 고찰」,「중국문화의 세계화 전략」등

내 성장의 고민들

초판 1쇄 발행 2024년 8월 18일

지은이 량샤오성梁曉聲
옮긴이 진가리陳佳莉 · 신진호申振浩
펴낸이 홍종화

주간 조승연
편집·디자인 오경희 · 조정화 · 오성현
신나래 · 박선주 · 정성희
관리 박정대

펴낸곳 민속원
창업 홍기원
출판등록 제1990-000045호
주소 서울시 마포구 토정로 25길 41(대흥동 337-25)
전화 02) 804-3320, 805-3320, 806-3320(代)
팩스 02) 802-3346
이메일 minsokwon@naver.com
홈페이지 www.minsokwon.com

ISBN 978-89-285-2012-1 03820